翻过这山 遇见海

律师成长记

付希业 著

法律出版社 LAW PRESS·CHINA
北京

图书在版编目(CIP)数据

翻过远山遇见海：律师成长记/付希业著. --北京：法律出版社，2022
ISBN 978-7-5197-6680-1

Ⅰ.①翻… Ⅱ.①付… Ⅲ.①律师-工作-中国
Ⅳ.①D926.54

中国版本图书馆CIP数据核字(2022)第065570号

翻过远山遇见海:律师成长记
FANGUO YUANSHAN YUJIAN HAI:
LÜSHI CHENGZHANGJI

付希业 著

策划编辑 赵明霞 魏艳丽
责任编辑 赵明霞 魏艳丽
装帧设计 马 帅

出版发行 法律出版社
编辑统筹 法商出版分社
责任校对 肖 越
责任印制 胡晓雅
经　　销 新华书店

开本 A5
印张 9.375　**字数** 208千
版本 2022年8月第1版
印次 2022年8月第1次印刷
印刷 天津嘉恒印务有限公司

地址:北京市丰台区莲花池西里7号(100073)
网址:www.lawpress.com.cn
投稿邮箱:info@lawpress.com.cn
举报盗版邮箱:jbwq@lawpress.com.cn
销售电话:010-83938349
客服电话:010-83938350
咨询电话:010-63939796

书号:ISBN 978-7-5197-6680-1
定价:78.00元
凡购买本社图书,如有印装错误,我社负责退换。电话:010-83938349

本书赞誉

这本书读来非常轻松，有故事、有漫画、有感悟，而且寓意深刻。我愿把这本书推荐给追求梦想的读者，你会发现书中描述的种种奋斗场景，会让自己感同身受，并获得力量。

——莱斯利法商学院创始人　张伟华

我曾经参加过一种叫做“越山向海”的越野比赛，现在又读到了付希业律师的《翻过远山遇见海》。如果说前者是一种比赛，那么本书就是一种人生。比赛有输赢，人生有得失。付希业律师在本书中，既讲了从事故到故事的经验，更讲了从故事到事故的教训。经验是心得，教训是体会，最终都会成为财富。比赛是经历，人生是阅历，总而言之都是资历和财富。读了本书，既有经历，也有阅历，还有资历，更有财富，何乐而不为呢？

——中国民主法制出版社《法治时代》编委会副主任（执行总编）、法宣在线总编辑、桂客学院院长　刘桂明如果每一次阅读本书都是一次从已知去往未知的远行，那么漫画和极具个人色彩的叙事方式会让这次的行程倍加有趣，希望你也可以从字里行间里看到深藏于岁月的美景，从那些曾经的迷惘中看到光与希望。

——宁夏宁人律师事务所律师、宁人研究院主任　刘媛

在这本励志的故事书里，作者有感而发且情真意切，特别是没有案子做的那段期间心里挣扎难耐的描写，很是感人。律师之路困难重重，作者在成功“穿越”后，能把所感所见写给后来者参考，让人钦佩。

——热心读者　付芷霖

付律师的这本专著，从律师的职业规划、技能提升、工作责任、办案心得等维度进行了真诚讲述。这也是一本律师成长的指导书，值得每位渴望成为律师的人细细研读。相信这本著作，能为更多律师打开通往成功与幸福的大门。

——热心读者　赵国强

代序 跟随我心

我从不敢过分自恋，更不敢把个人的思想和执业经验以书稿的形式公之于众，但最后还是在热心读者的鼓励下写了这本书并打算出版。我以前总瞧不起那些“夸夸其谈”的人，却发现其实自己就是“好为人师”“夸夸其谈”的人。我上一本书的名字为“大律师锤炼计划”，用说教的口气讲的是一些律师成长的个人浅显之见。书名似乎太大，目标定得太高，虽然销量尚可，但离读者的期望尚有差距，甚是不安。这次写作就不敢造次，生怕再拒人于千里之外，就老老实实地写，希望能以自己的亲身经历和真情实感换取读者的不厌。

作为一名律师，我努力突破板着严谨面孔说教的写作方式，尝试用柏拉图的对话方式或者用小说章回或者剧目的形式显现不同风格，让读者眼前一亮。可又觉得，有点哗众取宠，不合时宜。柏拉图说“谁会讲故事谁就拥有世界”，说明世人都不拒绝听故事。正巧，这两年我写了很多微小说，又爱上蔡志忠的漫画，画过一些漫画配上律师执业的感悟，受众多同行的喜欢，遂生一念：故事加漫画，不是一种新尝试吗？我国台湾地区漫画家“八耐舜子”、小林漫画的作者林帝浣都用漫画形式表达人生感悟，受到大众喜欢，我何不尝试一下！感谢很多好友对我信手涂鸦的热心“恭维”，说这种方式与“快餐时代”很搭，故事搭上漫画肯定能受欢迎，我就照着大家的建议如此这般地撺掇起来。就这样，我的漫画作品《漫画律师》也将同期出版了。人世间有种“恭维”可能成全了某些人的梦想，我属于不抗恭维的人之一。

在本书写作过程中，我发现自己并没有独特的观点，似乎都是做律师的“陈词滥调”。但它们都是我的观念，是我经历过验证过的，它们已经变成自我的一部分。它们之所以能在我的生命里生根，是因为它们表现出一些我自己所想所感真实的东西，拿出来呈现给想要踏进律师行业的年轻人，有一定的借鉴意义。

我从不愿停下思考，自知读过的书不怎样广博。自己没上过法学院，也不是科班出身，没有系统读过很多法学大家的著作，也没有饱览过国内知名教授专著，我只是在掌握了一些法律条文基础上，本着实用主义的想法去努力研究，并予以实践，取得了一点成绩。

当然，我因没有受过学院式的系统法学教育训练，没有就法律理论进行刨根问底式的探究，而是更愿意用实务的眼光观察一切，并把切实可行的效果记录下来。我知道一定有人会说我所用的字句太过于浅俗，说我写得太容易了解，缺乏科班出身法律人的那种“腔调”。但法律最需要的是实践，这倒给了我勇气，使我可以根据自己的直觉下判断，思索出自己的观念，树立自己独特的见解，以一种孩子气的无畏，在众目睽睽下讲出来，并且坚信在世界另一角落里必有和我同感的人，会对我表示肯定，甚至是喜欢。这就是支撑我完成这本书的力量。

人到中年，本应该知天命且保持沉默，不写一些灌心灵鸡汤的文字，也少发引发争议的言论，多说一些无关痛痒放之四海而皆准的“正能量”话语，做一个守法的既得利益者。但是，往往是江山易改本性难移，我还是忍不住想说想写一点实用的感悟，供走在律师路上的人参考。

本人喜欢背包旅游，曾得益于很多做旅游“攻略”人的文字，让自己能“未到先知”，知道到哪个景点在哪里住在哪里吃在哪里游。也正是这些无利可图的“攻略”热心人，搭起了景点与游客的认知桥梁，让游客所幸，景点扬名。

很多行业不乏这种分享“攻略”的向导，告诉刚入行的人，这里的路应该怎么走。他们的每一分努力，为别人的人生和我们的社会起到一点哪怕小小的作用，也是有价值的。

感谢律师路上带我成长的各位老师、同事、朋友，我曾经听过很多律师关于成长的教诲，今天有机会轮到我讲述，我不能放弃或者拒绝，这是一种传承责任，也是对曾经引导我的律师前辈表达感谢的方式。套用鲁迅先生的话，律师之路原本没有，说的人多了也就成了路。曾经走过这条路，再做说这条路的人，这也是我写这本书的原因之一。

《翻过远山遇见海》这本书写了自己起步艰难、闯荡北京的辛酸故事，勇敢真实地回望过去的懵懂和思考现在的从容，看到自己近17年律师生涯的点滴成长：愚笨又勤奋地“坚持”行走的自己。通过这本书，曾经吃过的苦，我终于可以笑着说出来。

律师，如寻常百姓家的飞燕，与人在一起又不在人群中，筑巢梁上，万象在下。虽不是法律纷争的当事者，却是法律纷争的参与者、世事波澜的见证者，俯瞰世事纷争，人情冷暖，却仍固守本分，赤心向前，正如卞之琳在《断章》中写道：你站在桥上看风景，看风景的人在楼上看你。我们凝视法治的风景，同时也点缀了她。

好了，感谢你能够阅读这本书，希望我的故事能引起你的共鸣，故事里见。

付希业

2022年7月于北京财富金融中心

目录 Contents

第一编

入行只道寻常

入

只道寻常

行

心怀憧憬，再出发

想看到朝阳喷薄而出，就坚持登上山顶。

2021年1月8日，法律职业资格考试成绩公布。

这一天，参加法律职业资格考试的考生，有的沉浸在喜悦之中，学有所成，不负时光；有的却灰心丧气，一无所获，辛劳付诸东流。真可谓，千军万马争过独木桥，有人欢喜有人愁。

法律职业资格考试通过率为10%左右，那些从55万名考生中脱颖而出的考生必定是最后的胜利者。每位考生都需要通过两阶段考试，才能顺利过关，不用说，会是多么开心。

当听到身边年轻的朋友谈论法考成绩时，我的思绪似乎又被拽回到 2002 年的时光里。

梦想 · 闯荡

那个时期的自己，对律师职业是一无所知。自己也是“良民”，性情温厚，不惹事，从小就没有对别人动过拳头，不打官司，法院门朝哪里都不曾关注。现实生活中的律师生活是个什么样子，大脑里除了港台电视剧里律师戴着白假发穿黑袍的形象外，其他真的没有概念。所以，做律师，是稀里糊涂的选择。人生像开“盲盒”，没有提前设计和预见，打开后才能知道结果。

每个人就像一座孤岛，独自在海上飘摇，遇见岸边，自以为会与之永远接壤，谁曾想，会再次起航，飘向远方。

大学毕业被分配到一家电力企业时，我也曾深感自豪。一个农村孩子终于告别了面朝黄土背朝天的生活，成为青岛人，不仅仅是地域的迁徙，更是从农民到工人身份的巨大改变。那个时刻，望着电厂的高高烟囱，我也曾暗暗下定决心，要跟企业一生相守。

但在工作五年之后，当日复一日地重复工作（白夜班倒班）而看不到未来，外面的世界很精彩的传言却时不时地透过企业的高墙传递到自己的耳朵里，点燃我改变现状的渴望。

很多老师傅劝我说，一定要安心工作，大学生刚来这里，很多人会不习惯，甚至会恨它，过些日子就习惯了，再过几年，就会依赖它。慢慢适应，慢慢与它成为一体。我听后，对未来充满不安与不甘。

对于在这家企业的工作，并非艰苦让我产生“逃离”的念头，而恰恰是一成不变的“舒适”让自己感觉到无聊。按部就班地工作，每天面对熟悉得不能再熟悉的设备、同事，不需要也没机会与外界交往，日复一日，固守闭塞，让我窒息。

有个在外资企业工作的大学同学告诉我，他们企业“白领”每月交通补贴有一千元，比我们的工资还高，而且出差入住的都是星级酒店。我们却几乎没有机会出差，出差只能入住普通宾馆，而且无论多远都只能乘坐绿皮火车硬座，关键是，我们长期“捆”在企业的围墙里，出差竟成了员工出去开开眼界的福利。巨大的落差深深戳击到我不安分的心灵——我也要出去闯荡一下。

我常常在巡检完升压站设备后，把安全帽放在屁股下坐着，倚在厂房中的一条高高的廊桥上遥望大海（企业车间在海边）。我看到企业围墙外，夕阳西下，余晖昏黄，海鸥翔集，自由齐飞。那堵墙分割了两个世界，我人在这边，心在另一边，茫然无助，我哪一天才能飞上自己的天空？

企业大门前是一条铁路线，时不时会有火车经过。当我下班走出企业遇到火车经过时，我会停下来，望着火车疾驰而去，再悻悻地离去，那一刻多想爬上火车，让它带我奔向远方，无论远方是哪里。在寂寞和孤独的感觉中，似乎另有一种思绪，像一块硬石时不时在我的心田间划过刻下难以磨灭的痕迹，警示不可沉沦。

每当同学来青岛出差，最艰难的时刻是最后的告别。他义无反顾地走了，我却会待在原地很长时间，恋恋不舍，不是因为与他再次分居两座城市，而是因为与他分隔在两种生活环境。那时的失落，至今记忆犹新。

电影《肖申克的救赎》的一句台词很适合当时的自己：不要忘了，这个世界穿透一切高墙的东西，它就在我们的内心深处，它们无法达到，也接触不到，那就是希望。

工作之余，我开始自学会计知识。

自学是一项非常枯燥的事情。每次上夜班归来，困乏、憔悴、失意袭来，让人感觉精神游离在身体之外。我曾多次想放弃，怀疑我能实现最终的目标吗？这一切是为了什么呢？曾几何时，我对自学会计有些动摇。

又是一次上夜班，我在巡视设备时，突然蹦出一个念头，在一号除灰设备间的墙上用房间钥匙刻画一笔，作为对自己奋斗的警示和鼓励，时刻提醒自己要坚持，避免在孤独、彷徨中消沉下去。

于是，在那面墙上每五天就会刻上一笔，每二十五天就有一个完整的“正”字……当“正”字越来越多的时候，我就有了更多的信心，正是因为怀揣着这种信念，我如期完成了计划中的多门课程学习和考试。

2003 年 8 月的一个夜晚，非常闷热，这是我在这家企业的最后一个夜班。当我在那面墙上深深刻下最后一笔，看着满墙的“正”字，我回想多年来的辛酸，泪如雨下，从此将告别这里的一切。

生活中总有巧合或命运的安排，2004 年年初不经意间我看到美国电影《肖申克的救赎》。当看到蒙冤入狱的主人公安迪用小锄头在监狱的墙上刻下“A”字，一锄头一锄头地慢慢挖出一个逃生通道，到最后逃离监狱，伸开双臂让倾盆大雨冲刷着自己的那一刻，我再也按捺不住内心的驿动，掩面抽泣。家人见状，不知所措，惊讶地问我怎么了。我擦干眼泪，笑着摇摇头说没事。谁都不会理解，在我的内心深处，有一种与安迪无以言表的共鸣。这种共鸣不是那些刻在墙上的“正”字，而是深深刻在骨子里的改变命运的渴望，这种渴望令我感

认清生活的不易
依然热爱生活

同身受，正是那些场景唤起了自己勇往直前的斗志，才有了那段刻骨铭心的奋斗经历。

在实现人生目标的漆黑路上，我经历了煎熬之下的坚持、抗争、失望、心酸、彷徨、苦闷，目标实现之后的痛快、喜悦、释放、收获，没有类似经历的人是难以体会的。有些岁月回忆时才觉得美好，经历时往往是最痛苦。那时候受过的苦，今天我终于可以笑着讲出来，很自豪。

遇见法考

2002 年的元旦，和往常一样，是研究生班同学聚会的日子。

正是这场酒局，让我偶然间知道了“首届司法考试”。“四证合一”的法考（可以从事法官、检察官、律师和公证员的职业），含金量高，一证在手，走遍神州，法律界的四个行当可以任意选择。

我几杯酒下肚，肾上腺激素分泌加速，暗暗地想：我能不能试试，管他是否能做呢，有枣没枣，打一杆试试。

口若悬河的李秀才正讲得唾沫星子乱飞，看着我这个三十多岁“贼心不死”的男人低头思忖，随口曰：“老付呀，你可以试试呀。只要有本科学历就可报名，而且可以在元旦假期结束后三日内补报名，参加三月三十日、三十一日的全国统考。趁年轻，考个证。”

其他几个兄弟借着酒劲，一起起哄。我也不抗怂恿，夸下海口：明天就去报名，去考个证。与其他哥们儿一一碰杯，不消说，满满的一大杯啤酒，倒进了各自的肚子……

第二天，我酒醒梦回，睁开蒙眬的双眼，回想昨晚的聚会。大脑“断片”前李秀才讲过的什么考试，好像自己吹了牛说，不考则已，一考必过。或许是虚荣心作祟，太在乎“夸下海口”后在哥们儿面前丢“面子”，我决定去参加考试，向兄弟们证明自己的实力。

时隔多年以后，当大家再聚首时，我旧事重提，很多人都已经记不清曾有过这档子事，我才知道，自己太把酒桌上酒友的起哄当回事了，当然这是后话。

我乘车去了中国海洋大学门口的法律书店。服务员迎上来问我买什么书，我支支吾吾说不出书名，也不知道该怎么描述买什么。好在服务员有经验，问我是不是要参加法考？她搬过来一套律师资格考试复习教材给我。

但当要付款时，我犹豫了，是不是有点太冲动？那时没有任何力量推动我，也没有不可抗拒的诱惑让我作出如此选择，我为何来买书？只是为了酒桌上的一句“吹牛”的话？

还是要感谢那时勇敢的自己，最终买下了那些书。如果我冷静地放弃了，我不知道未来会怎么样。

我拎着厚重的复习材料回到家后，拆掉有线电视的机顶盒和电脑网线，将电视机和电脑装进了箱子里，一副避免玩物丧志、破釜沉舟、死亦为鬼雄的架势。我要闭关，应对 69 天后的法考。

第二天，我去报了名，全面投入这场没有强烈驱动力的考试。

但从内心里说，对通过考试我心里没有一点底，考试通过后是否要辞职改行，我也从未想过。后来我总结，促使自己参加那场考试的动因，是源于那场吹牛的酒和自己那颗不安分的心。

我和大多数人一样，读了很多年的书，从小到大进过百次考场，做过上千份考卷，经历过无数次的喜悦和沮丧，昂首挺胸地走向未来。

就在而立之年，加入“司法考试”大军，潜心苦读数月，随着腰背酸痛在身体里的蔓延，半米高的考试资料慢慢融进大脑，法律知识框架在脑海中逐渐构建起来。这次备考，我仿佛经历一次恍如自废武功般的痛苦重生，能清晰感觉到内心深处未曾泯灭的冲动和潜伏了很久的斗志。考试那天，自己怀着一个做法律人的梦想和憧憬，赶赴人生的考场，豪情壮志不让青春少年，大有倚剑走天涯的快意。

参加首届司法考试，虽然是在受别人不经意戏言的鼓动下而作出的选择，但客观地讲，这既非心血来潮，也非早有预谋，只不过在那个时间点上，成了正当其时以此“逃离”企业出去闯荡的一种途径。

司法考试通过后，我如同刚刚学会游泳的孩子，根本不知道大海的水有多深，就一头扎了下去——做律师。深入其中才知道水上风光旖旎，水下却是暗流涌动，自己如同一叶孤萍随之飘摇……

律师之现状

做了十几年律师之后，才对律师有了较深的了解。

现如今律师成为比较热门的行业，从每年参加法律职业资格考试考生的人数足以证明，虽然法律职业资格考试的热度比不了公务员考试，但称为“国考”也毫不为过。

2019年，电视剧《精英律师》火遍全国，加之俊男靓女的各色“腔调”，撩起法考草根们不安分的心。可不是嘛，男律师西装革履，女律师高贵典雅，每日穿梭在高档写字楼里，有着高收入和较高的社会地位，用法律的武器捍卫着公平正义。“律师之所以选择法律，是因为我们热爱一些不能用钱来购买的东西，比如公正、是非、对错……”

律师人前阳光灿烂

背后异常艰难

只是常人看不见

罗槟的这句话，深深触动了有着律师梦的年轻人，他们梦想着有朝一日，自己能和剧中的精英律师们一样奋战在法律一线。

在现实生活中，又有多少人正是受这些律政影视剧的影响，怀揣着自己对法律的信仰和一腔热血入了行，可能更多人是冲着“律师看上去很‘美’，听起来很‘阔’”而来的，总觉得律师无论是戴的表、穿的衣、开的车、住的房都是那么让人羡慕。

荧幕中律师无不光鲜亮丽，但实际上律师是做起来很累、说起来很烦的一项职业。用句俗话说，很多人只看到贼吃肉，没看到贼挨打。只看到律师光鲜的一面，没有看到律师“苦逼”的艰辛。

把律师与风光、尊重、高薪等词联系在一起，其实是一个美丽的传说。许多人以为挤过司考这个独木桥，对面就是布满鲜花和掌声的彼岸了。殊不知，等待自己的却是一条更加艰难而辛苦的人生之路。

大批通过法考的人选择做律师，或许有他们自己的各种考虑，但我认为多数人对律师行业盲目乐观，或者对自己做律师的前景抱太大的幻想，至少是在选择律师这个职业时是如此。大律师、大排场、大气魄、大收入经常成为人们茶余饭后的谈资。而小律师还挣扎在生存线苦撑着艰难前行的话题往往不被人们谈起。

自己执业近二十年，亲身经历和目睹了很多的残酷现实。在一些三四线城市的律师，包括在一线城市的律师一年收入几万元的也大有人在。刚起步的律师每月薪酬仅几千元，也不足为奇。

这个行业对刚毕业的大学生来说，经过两年甚至三年才能寻找到满意的工作也是正常现象。短暂的挣扎期一般人都能接受，而且因为年轻，可以试错，可以像刘欢歌中唱的那样，大不了一切从头再来。入行做律师总不会有太多的压力，也没有过重的家庭负担，即便不挣钱还会从父母那里得到一些经济资助，生活也不是大问题。

但对那些半道改行做律师的人来说，年龄偏大，家庭负担又比较重，就很难像刚毕业的大学生那样无所畏惧、云淡风轻了，自然少不了患得患失，纠结不已。毕竟是踏入一个陌生的领域，前途未卜，曾经有过的职位或者可享受的待遇成为历史，但未来却不知是否可期。

还有一些人，生活在三线的城市，想进入“北上广”的一线城市来改变自己的现状。帝都并不远，总想去看看，梦想去北京，想尝一尝“北漂”的滋味，可真来了北京，才发现现实的骨感那么扎心。

在北京漂泊的几年里，我也遇到过一些在职业路途上苦苦挣扎的大龄女律师，她们面临的问题更多更严峻：要不要在北京找男朋友，要不要在北京结婚生子，要不要让父母凑钱买千万元的北京二手房？这些想想都头沉的问题会压得人喘不过气，更不用说还要面对案源何处寻找的生存问题。

很多律师同行在跨入律师行业初期，都要遭受没有人脉、没有市场的艰难挣扎期，没有人能够避免，只不过有能力的人及早地结束了这种挣扎而已。

很多成功的律师是从其他行业转行而来的，也有在其他行业做得非常成功之后转行做律师的，刚开始时，也会有一种错觉，认为成功没有说得那么难。其实不然。在律师行业，也有很多黯然离场的律师，只不过他静静地离开时没有带走一片被关注的云彩。虽然律师行业的人员规模在不断地扩大，但大浪淘沙，同时也有很多律师从这个行业中离开。这个数据却没有官方的统计，也没有人去关注。

抛开律师个体的发展看全局，律师行业近几年的状况是：一方面，律师人数快速增加（2020 年年底全国律师人数已达 52.2 万，2022 年将

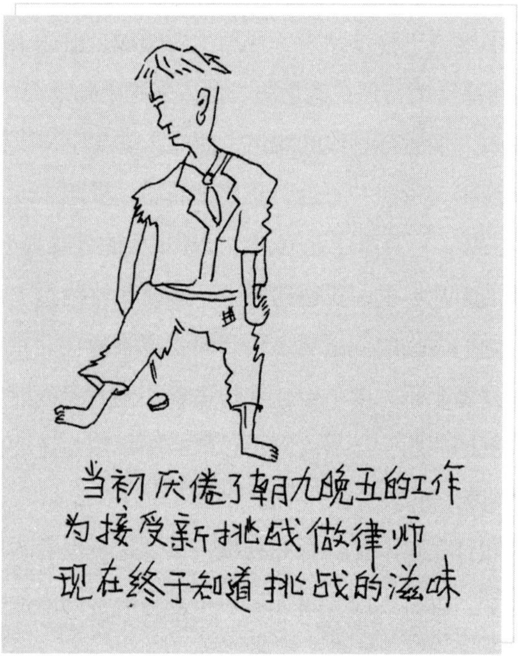

当初厌倦了朝九晚五的工作
为接受新挑战做律师
现在终于知道挑战的滋味

达到 62 万），从侧面反映出人们对律师业前景看好。这几年相比于我刚做律师的那会儿，非常明显感觉到身边认识的人中多了不少同行的身影；另一方面，律师收入保持强劲增长势头。无论是律师个人还是律师事务所的收费都有增无减且呈现大幅增长的态势。目前，像金杜律所这样总收费超过几十亿元的律所已非凤毛麟角，律师个体年创收额达几千万元也比比皆是。

所以，从近几年情况来看，律师业发展呈现快速增长的喜人趋势，已是不争的事实。

律师是一个慢慢积累人脉和慢慢释放价值的职业，厚积薄发，越是干到最后会越好。比如，某律师执业到第二十年，其这一年的创收额可能相当于过去十九年创收额的总和。

人生的经验告诉我，入行做律师要坚守长期修炼，往往是大器晚成。不能在未得到最大释放价值的时候中途停下，也别在成长的过程中太多抱怨，想看到朝阳喷薄而出，就要坚持登上山顶。

律师之定位

现在总结起来，我认为，律师角色定位应该包括以下几点：

首先，律师是法律专业工作者，它是以法律服务为谋生手段的职业。

律师作为一种职业，是在获得国家法律职业资格并取得执业证后，通过为客户提供高度专业化的法律服务，使利益相互冲突的各方能够在理性的指导下以相对平和的方式解决争端和纠纷，并由此取得生活来源的一项工作。

既然是一种职业，法律服务就是律师赖以生存的工作，就要以此取得劳动报酬维持生计，不能只讲情怀不讲回报，否则这样的服务也不会持久。

其次，律师是正义的维护者，是以公平正义为己任，不断追求正义的坚守者。律师是一个国家法治得以有效适用和传承的重要践行者，在私权利与公权力发生冲突时，律师作为私权利的维护者，可以代表私权利来制约公权力。

我认为，除了挣钱，律师还应该有一份对法律的敬畏和坚守。

在聂树斌被执行死刑后长达二十一年的时间里，最高人民法院改判聂树斌无罪，这一刻，令很多人欢呼雀跃，也是对聂树斌家人等人坚持翻案的交代和安慰，更少不了一些刑辩律师的倾心相助。

这是一场迟到的正义，更是中国法治的一场悲剧。在这场悲剧中，那些刑辩律师敢于挺身而出，勇于“挑战”公权，维护一个人的自由与清白，就是因为他们坚守法律公平正义的信仰。

为什么有些人在执业过程中出现了这样或者那样的问题？多数是因为对律师职业的认识出现问题。也就是说，在以此谋生的同时应坚持律师的职业信仰。只有认同这个理念，律师的职业生涯才能平安久远。

法律不是一个完美的专业，不牺牲某些原则往往难以成功，无论这种原则是做人的原则还是职业的原则。因此，执业律师也必然不全部都是完美的。正如不存在绝对的道德一样，也不存在绝对的正义。但绝对的不公正却随处可见。去改变，是律师亘古不变的历史使命。

最后，律师是社会的工作者，要能处理各种复杂疑难的社会事务，要跟社会各色人等进行富有成效的沟通，需要具有驾驭错综复杂关系的社交能力。

当事人只有在遇到难事的时候才需要律师。如果是很简单自己能够处理的事情，他们也不会找律师，也就是说，律师是当事人委托去解决难题的，就是需要律师去协调处理客户、相对方、法院、行政机关等各方之间利益的冲突。

律师之“大”

在中国，称呼大律师，有的是调侃、恭维，也有的则是尊称，人们喜欢把那些名气大、业绩好、资历深、声望高的律师，尊称大律师。大律师之“大”，在每个人的心中都有不一样的衡量标准，确实难以用创收数额、办理案件数量、执业年限等指标量化。

我认为，大律师者，不在于技巧之熟练，不在于口舌之善辩，不在于经验之丰富。有律师者，一心志于法，一生叩正义，于天地之间，以利他之心，以维护权益立身，以匡扶正义处世，谓之大律师。

比如，泰斗级的大律师，为民请命，匡扶正义，实乃是我辈可望而不可即。以凡人之见，我觉得大咖之所以称“大”，需有四项品质：

道德高尚。张思之大律师呼吁，真正的律师，似清澈见底的潺潺清流，如通体透明的光泽水晶：是真正的人，表里如一，道德崇高，事事处处体现着人格的完善与优美。要做大律师，不能轻艺品，艺品要高超，人品要纯正。

专业精湛。律师是法律的专业工作者，专业是其立身之本。大律师的专业精湛，主要表现为业务能力超群、技压群芳、专业权威无人能比，是某专业领域的带头人。

行业垂范。怀一颗公益之心，敢为律师行业之不公、不当之事奔与呼，以身作则，率先垂范，积极引领、推动律师行业发展。

业绩非凡。没有大案、要案“加持”，缺乏“硬核”自然无法称其为大。正如没有事迹的英雄总是难以让人信服一样，律师是法律服务的实践者，没有成功代理大案、要案的业绩，自然撑不起律师圈里的翘楚之名。办理大案、名案，“收成”也自然不在话下。

曾有一句话说：“在法律的入口处，只欢迎那些能够吃苦并且具有最大限度的坚韧、自信和忠诚的人。那些带有失败和消极精神的人和意志不坚定者请勿入内。”法律的大门只对这样的人开放，允许他由此踏上了律师之路。当一个人想成为这样的律师时，律师行业就又要多一位“苦行僧”。

心得

一个人无论是出于什么原因，来自何种生活背景，只要加入律师行业，都要走同样的路——责任和专业之路。在这条道路上，可以得到荣耀、财富，但是要真正获取它，需要经历激烈的竞争和不懈的奋斗，还要经受种种的考验：诱惑甚至是陷阱。光鲜靓丽的背后有数不尽的不屈抗争，无论是为自己还是当事人。如果决定走这条路，就要勇敢走下去。

再回首：有些路，注定孤独

没有一条道路是重复的，每个人都在经历着属于自己的生活。

那是一个月光皎洁、桂影斑驳的午夜。

终于熬到了下班，我无意览景，急匆匆地发动了木兰牌踏板摩托车往回赶，我要去查询法考成绩。

在那个遍地是网吧的时代，我溜进了一家霓虹灯闪烁的网吧。

网吧的电脑是拨号上网，我急不可待地打开查询网站，输入准考证号码和身份证号码，等待网页以蜗牛般的速度打开，时间一分分过去，网页还在打开中，我恨不得用手掀开这个可恨的网页，直击背后的结果，但等来的却是，“网页无法打开”。我迅速刷新网页，重新输入准考证号码和身份证号码，但最终依然显示网页无法打开。

我又连续尝试几次，网页像是被卡住了，无法打开。

我心灰意冷，呆呆地看着电脑屏幕。我以为这是考试“挂了”的预兆，这是命运之神在跟自己开玩笑，通过这个方式来宣告考试的“噩耗”。如此激烈的考试，仅仅学习两个月就让我通过，天下哪有这等好事。

我像霜打的茄子，垂头丧气地走出网吧，开着摩托车回家。

回到家，我仍然难以平息内心的忐忑，这两个月的艰苦煎熬、挑灯热战，都要化为幻影，到头来，两手空空。考试时的一幕幕如同播放的电影片，一一闪现。我回想起考试时同一个考场的“小黑胡子”（留着一撮小黑胡子考生绰号）对答案的场景，悲观情绪越发地加重。

那个“小黑胡子”参加过多次律师职业资格考试，但始终没有通过，又赶着参加首届法考，与自己同在一考场。“小黑胡子”在每场考试结束之后，总喜欢对答案，像一位老学究，会斩钉截铁地说某题是某年律考题，答案应该是 A 或 B 之类。

我听后，感觉自己的答案大多与其相左，唉，听“小黑胡子”对答案越多越没有信心，心里拔凉拔凉的。我开始怨恨那个家伙，也开始后悔自己一时冲动参加这次考试，又遇到这么一位晦气的同场考生。

后来听说，“小黑胡子”又一次在考试中败下阵来。后来听说，他是一个矢志不渝的人，苦苦坚持“法考”很多年，喜欢“对答案”的毛病却没有改，很多律师对他的印象特别深刻，因为大家当年也都像我一样听了他宣布的“正确”答案而对考试失去信心。但后续的历史证明，“小黑胡子”成为中国法考路上的见证者和参与者，每次考试分数都屈居及格线以下，他始终没有通过法考。当然，这也是后话。

我躺在床上，辗转反侧，难以入睡。成绩及格或不及格，总要给自己一个交代，“死要见尸，活要见鬼”，为两个月的辛苦，我真的需要一个结果，无论如何，我都应该勇敢地承受。

我鼓足勇气，拨通了168咨询台的电话，输入自己的准考证号和身份证号，我屏住呼吸，努力掩饰住内心的紧张，话筒里传出终生难忘的甜美声音，您的成绩为：61分、64分、63分、58分，总分246分……那一刻，我简直不敢相信自己的耳朵，真的，自己超过240分及格线仅6分。

为了证实自己的查询没有错，我又战战兢兢地拨通了168咨询台的电话，播报声音依然那么甜美，246分。虽然声音最后提醒，本次查询仅供参考，具体成绩以书面通知书为准，但我已顾不得这些套话，自己考试通过了！

我激动地推开窗户，仰望星空，感觉夜空是如此美丽，月光如水，月圆如盘。四个行业的职业形象几乎同时浮现在自己的面前，向我招手，我觉得他们是那么亲切，忽然觉得未来就在眼前，唾手可得……

窗下的人民路，平日里都是车来车往，人流如织，每个人都行色匆匆，忙碌着自己的事情。过去的69天里，从不会有人想到在这条马路旁的一扇窗户下、书桌旁坐着一个人，为了一场考试而做着准备。

我是幸运的，短短的两个月，上帝轻轻地抬了一下手，让我溜了过去。一场考试，仅仅超过及格线6分，足以改变我的人生轨迹。

虽然没有太多人去关注这场考试，也没有人知道我在这场考试中经历了什么，但对我来说，这场考试，是上帝给予自己“重生”的一次恩赐。倘若我没有参加这场考试，或者没有通过法考，恐怕我不会再次参加这样的考试。或许，首届法考与我相遇，对当时一心想离开

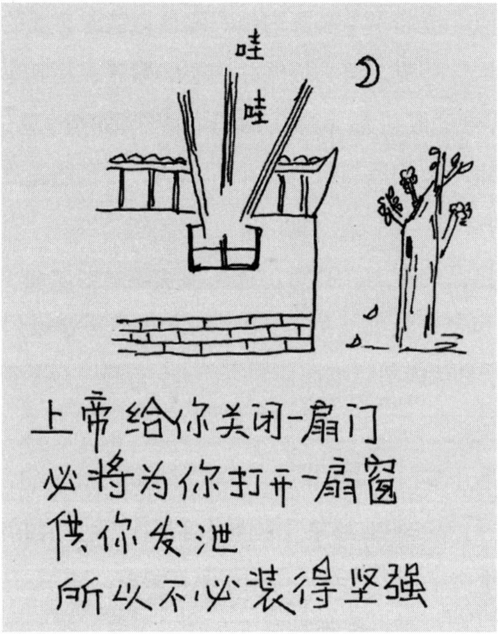

上帝给你关闭一扇门
必将为你打开一扇窗供你发泄
所以不必装得坚强

原来生活轨迹的我来说，恰逢其时。

起步之苦

我的律师职业起步，也是费了九牛二虎之力，首先要过的是自己的心理关。

我曾端着某国有企业的“铁饭碗”，虽然比不了公务员的“金碗”、外资企业的“银碗”，但相对于当年想通过高考改变农村“泥饭碗”的初衷来说，在初中同学的眼中，自己已经是吃国家粮的“国家干部”了。

捧了近十年的饭碗要扔掉，我心有不甘，又恋恋不舍。毕竟我没看到前面摆着一个现成的更好的饭碗，甚至我不敢确定前面会不会有一个属于自己的饭碗。

2003年，辞职、跳槽、折腾这些都还不是一个热词，更不是一种时尚。

上帝给我开了一扇门，还要犹豫不前吗？我的心里备受煎熬，对新世界充满憧憬，却难掩心中的担忧，前途未卜，一旦掉进深渊，我不知道有没有救命稻草可以抓住。理想很丰满，现实很骨感，一旦不能以此立业，自己再也退回不到现有的生活。

钱钟书的《围城》里有句台词：人生是围城，婚姻是围城，进去了，就被生存的种种烦愁包围。城里的人想逃出来，城外的人想冲进去。职业亦如此。但像我这样，连律师职业都不甚了解却毅然决定去做律师的，只能算是想从体制内逃出来的人，但逃出之后的烦愁，我并没有想，至少是在辞职的那一刻，我是拿运气赌明天的。

辞职的事，我没有告诉家人，准确一点说，是瞒着家人作出的冒险抉择。因为我觉得没必要惊动家人，让他们为自己担心，或许，将辞职一事告诉家人，可能不会获得家人的支持，父母都希望自己的儿子过稳妥的生活，更远的将来，他们也不可能看到，安顿总比折腾来得实际。

天不刮风天不下雨，天上出太阳。当我拿着打印好的简历，去了几家律师事务所求职都被拒绝之后，我隐隐感到青岛凉凉的秋意。对于入职律所做一名律师，我过于乐观了。

去应聘的那天，我拿出了多年前结婚时穿过的西服，打上了灰色领带，洗漱妥当，穿上尖头的黑皮鞋，拎上刚买的商务黑提包早早地出了门，这是我人生的第一次应聘（我大学毕业参加工作是“包分配”的）。为了能顺利通过面试，前一天晚上我多次模拟了面试的场景以及假设的种种问题。

作为三十多岁的人，我却是第一次应聘。当年入职国企还是毕业包分配模式下参加工作，称不上应聘，自己不想去也得去，企业不想留也得留，这是典型的计划经济，只有计划，没有选择。

当坐在一间小的会议室接受面试时，我相当紧张。看着对面的刘主任正襟危坐，我表情僵硬，努力地挤出一丝微笑。

我急忙挺直身子，把前一晚准备的措辞背了一遍，一切如愿，我的背诵没出现磕巴或卡壳。

刘主任边听边看我的简历，边问道，英语六级，而且刚刚取得证书不久，口语应该没有问题吧？

我迅速地点了点头，内心却很忐忑，担心这位刘主任真的会与我英语对话，那可就尴尬了，因为我学的是哑巴英语 ，虽然英语六级考试考了 78 分，可听力部分考试录音放完前我就早已在答题卡上选完了 ABCD。

谢天谢地，一切感觉还算顺利。刘主任并没有要求我用英语做自我介绍。她只是左右看了看，优雅地问身边两位女生需不需要发问，两位女生煞有介事地想了一下，摇了摇头。

末了，刘主任礼节性地说，付律师，您很优秀，我们人事部会综合进行测评，会及时给您回复，即便我们现在因为合伙人的用人计划有限，暂时不能录用您，我们也会将您的简历录入人才库，优先选用。

走出会议室时，我看到那个前台女生又领着另一位学生模样的男生进入了面试的会议室。我有些伤感，30 多岁的人工作了很多年，再次挤进求职队伍里，与刚走出法学院校门的大学生们在同一起跑线上赛跑，没有任何优越感。

几天的焦急等待之后，我终于接到了律所的电话，感谢我参加面试，同时抱歉地通知我，目前合伙人的招聘名额已满，不能录用我。

挂了电话，我大脑里迅速地回想着面试时的表现，极力寻找被淘汰的原因。最终也没想出头绪，只好自嘲道，此处不留爷自有留爷处，有什么了不起的，青岛大着呢，等着瞧，自己也有成角的那一天。我又觉得自己有点可笑，像鲁迅笔下阿 Q，心里酸酸的，强作欢颜，却要装出满不在乎的样子。

第二天醒来时，我像往常一样急着起床去上班，定神之后，怅然若失，现在我不用赶着去上班了，也不用急着去应聘，除了自己的家，我也无处可去了。

我漫无目的地回到床边，重新躺下，更觉忧伤，但还是起了床，一边刷牙，一边哼唱起泉水叮咚的曲子装出轻松欢快的样子，我不想让家人看到自己悲伤的样子。作为男人，我不能先倒下，毕竟全家人都需要我去支撑。

我哄骗家人说休年假，可以照看孩子。听别人说，律师很忙，没有时间照顾家人，所以，趁还没有正式上班，可以多照顾一下家人。

我穿上卫衣和运动裤，拿了孩子的奶瓶和尿不湿，抱起孩子，推着婴儿车下了楼。等我下楼后，才发现自己下来的不是时候：八点钟，正是在小区内住的很多原企业同事上班的时间。在别人上班的时间里，自己却像家庭主妇一样推着婴儿车看孩子，这些同事会怎么看待自己？会不会笑话自己有福不享瞎折腾？一阵酸楚涌上心头，我逃一样地又折回上楼。哲学家叔本华说过一句话："人性一个最特别的弱点就是，在意别人如何看待自己。"那时的我是如此敏感和脆弱。

其实，这些年，当我了解更多其他人的经历后，感觉个人的悲酸辛劳已微不足道。每年都有和我一样经历和想法的人，踏入竞争激烈的法考考场，而后又挤进做律师或其他法律的行当。回想当年考试的初衷，谁的背后没有隐藏一段励志的故事呢？

江湖皆问出处

只有强悍的人生，才不需要过多解释。

在度过了一年实习期后，我实习所在的那家律所通知我第二天上午到章主任办公室去一下，有事需要面谈。

我通过其他实习律师了解到，面谈的主要内容是让我“另攀高枝”，去其他律所办理执业证。

我做好了离开的最坏准备，但我还是心存一丝希望，希望能够留下来，毕竟这家律所在当地还是小有名气的专业律所。

我先去商场为主任买了一盒崂山绿茶，并梳理了所有跟其他律师探讨过的案件以及订卷时所了解的案件，就这些案件的焦点以及法律点做了一些准备。我希望能够让主任知道，自己很用心也很真诚，能让自己留下来。

第二天当我敲开主任的办公室门时，主任正在翻阅办公桌上高高的证据材料。

章主任见我进来，放下手中的材料，满脸微笑地示意我坐在办公桌的对面。

“章主任，这是一点心意，给您的。”我把茶叶轻轻地放在办公桌上。

“不用不用，我这里的茶都喝不完，一会儿拿回去。”

我急忙把工作笔记本打开，放在桌子上，那上面密密麻麻地记载着我办案的心得。

“章主任，我想跟您汇报一下这一年的学习心得。”我用手快速地翻阅了笔记本。

“呵呵，不用说了，其他律师也在我面前表扬过你，给律所干了不少工作。现在实习结束了吧。”章主任打断了我的话。

“是的，章主任，其实……我很喜欢律师工作，也喜欢咱们所，只是缺少展示的机会……”在章主任说出结果之前，我迫不及待地表达自己想留下来的诚意，希望抓住最后的打动他的机会，能让他改变主意，我的语调有些颤抖。

“小付，所里很多律师团队没有大规模招人的计划，你们这一批在这里实习的人，只有赵敏和姚长河两个留下。你在企业工作快十年了，有一定的社会阅历，留在这里，只能做独立执业律师，案源要自己找，对刚过实习期的新律师而言会很艰难，最大的问题是，你大学也不是学法律的，学校也……嗯，在企业从事的工作也与法律又不沾边，加入律师这行，一切都要从零开始，真的不好搞，建议你最好找一家大型律所，加入一个团队或有人带带你，那样比较务实……”

后面的话，我已听不进去，虽然还在努力装出洗耳恭听的样子。我知道，留下的那两位实习律师，是某知名海事大学法律专业应届毕业生。

我知道章主任这些话的背后，是在说自己不是法律科班出身，没有名校的金字招牌，没有法律工作阅历。那一刻，我内心是那样的脆弱和羞涩，是那么自惭形秽，是那么惧怕让人感觉自己条件不满足却仍在苦苦央求给个机会。

“嗯，章主任，我明白了，谢谢您让我在这里实习。我再去其他律所看看。”我匆匆地站起身要离开。

“青岛律所很多，看看其他几家的情况，找个适合自己的，好吧？”他顺手把放在桌子上茶叶礼盒塞到我手里，执意让我带走。

没有对比，就没有伤害。如果一同实习的其他人也不留下，我的自卑感也不至于那么强烈。我逃一样地离开主任的办公室，我怕遇到所里的熟人，低着头穿过卡座办公区，生怕被人叫住关心般地问询。

我拎着茶叶走出律师事务所，茫然地走在路上，天下哪有江湖不问出处，不问出处的只对英雄，“小草”面对的只有江湖飘摇。

赵敏和姚长河两位能被留下来，自然有着他们的优势：名牌学校毕业，刚走出大学校门，仍然记得大学里教授们讲过的法律理论，基础知识相对扎实。另外，他们没有生活的压力和家庭负担，没有结婚，不用照顾子女，父母正值中年还无须赡养，自己也正处于人生最好的阶段。因为年轻，所以不会因为资深律师的批评而“面子”上挂不住，入职后心理承受能力较强。

但他们俩相对于我社会阅历浅，刚刚踏入社会，还是一帮稚气未脱的“大孩子”，对社会的人情世故了解得比较少，还未养成较强的交际能力、办事能力。在这一方面，确是我的强项，但在刚入职时，律所无法在短时间内看到年长者的优势。

章主任虽然建议我去别的律所加入一个团队开始执业，但我知道，找一家律所就职很艰难，找一个师傅更是难上加难。因为那时的自己可能比那些资深的合伙人年龄还要大，谁会愿意选择一位年纪大的人做徒弟呢。让一位年龄和自己相仿甚至比自己还年轻的“师傅”去领导自己，自己做他的助理，对我来说，也觉得怪怪的。如果自己在工作中出现差错，“师傅”也不好意思批评“徒弟”，退一步讲，即便我能忍受师傅的“指手画脚”，师傅也不愿意去不厌其烦地指正我。

想到这些，我心灰意冷，我真的只能靠自己摸索独立执业吗？

自己毕竟不是在三四线城市做律师，在那里只要善于交际，就能分享到“熟人红利”，通过“七大姑八大姨”的相互介绍，就能建立联系，揽得业务。但在青岛这种二线城市，想纯依靠熟人经济并非易事。

俗话说，与君一席话，胜读十年书。就是师傅一席话胜过读十年书的道理。为此，我放低自己的心态，抛开自己的“面子”，愿虚心地向那些比自己年轻的资深律师、优秀律师学习。那时我并不觉得难，渴望拜一位“师傅”得到真传的迫切，让自己坚信什么艰难都能承受。

名校文凭之强

现在我自然能理解，一些知名的律所为何看重应聘者的文凭。在中国，文凭成为学习能力的“初步证明”，用人单位不了解应聘者的能力如何，只能根据其教育背景来初步判定其能力。假如用人单位知

找不到客户
就努力点亮自己
让客户找到你

道应聘者的学习能力、办事能力强，就无须去看其“出身”。

自己不是名校毕业，也不是法律界“五院四系”学子，想挤进当地稍有名气的律师事务所找到一位名师指点，真的没有任何优势。历史不可改变，我很纠结，但纠结也不能改变现状。我只有给自己打气：只要自己是一个喜欢学、愿意学、积极学的人，同样可以通过后天的学习把这一“短板”补上。

虽然从“面子”上，可能会因为自己并非知名院校的法本毕业生而自卑，但我坚信，人生的赛道很长，勤能补拙，后来居上者也大有人在，不想太多，奔跑才是最应该做的事。

那个时候的我，努力通过精气神、谈吐气质、法律见识弥补没有“金质”文凭的不足。重要的是，我用更充分的时间通过实践来弥补没有知名院校学位的缺憾。所以说，只有做得优秀，才能淡化过去的缺憾。

自己不可能改变过去的学历，更不能改变用人单位对非知名院校毕业生的成见。只有不懈努力，做出成绩，让更多人认识到自己的能力，才能改变人们通过学校名气衡量人能力的看法。

我暗暗地下定决心，在三年内快速长成一个普通合伙人，虽然那时只是一个朴素的理想。

为什么是三年？作家格拉德威尔在《异类》一书中指出：“人们眼中的天才之所以卓越非凡，并非天资超人一等，而是付出了持续不断的努力。一万小时的锤炼是任何人从平凡变成世界级大师的必要条件。”他将此称为“一万小时定律”。

要成为某个领域的专家，需要一万小时，按比例计算就是：如果每天工作十小时，一年三百六十五天，那么成为一个领域的专家至少需要三年。三年也是三百六十行的基本“成手”的年限，是判断一个人适不适合做某行业的“考察期”。据某调查机构的调查结果显示，社会公众观察律师发展的期限大致也是三年。如果超过三年（当然是一个大约数，或是三年半），我还没有找到感觉，那可能就不适合做律师，如果三年就成为一家律所的合伙人，可能就比较适合做律师，且外界也会认可我。

当客户对律师另眼相看的时候，他就会把更多的机会交给我。如果自己做了五年甚至十年还是一位普通律师，客户可能就对自己有“负面”看法，觉得我不适合做律师或者能力有限，不会把案件交给我办理。这就会给我的事业发展造成不利影响，所以，一定要坚持“奔跑”，争取三年成为普通合伙人。

英雄不问出处，不拘泥于过去的成败荣辱，那一切都已过去，不让它成为我未来奋斗的包袱。性格决定命运，性格需要自我改变，而不是靠职业来改变，自己不改变，一个人只能还是原来的自己。我从不以为当了律师就能改变自己的性格。

我在执业之余，重新拾起来多年没看的英语书，开始学习商务英语，并参加雅思考试；我买了注册会计的教材，学习会计知识。我不知道在实际的办案中是否能用到这些知识，我只有一个念头：宁可准备了没有用到，也不愿以可能用不到为借口而不去学习。

以前在企业整天与设备打交道，很少需要口头表达。选择做律师就少不了与同行、客户、法官交流，我就要有意识地去训练自己的表达能力，让别人能够及时了解自己的想法，抛弃“讷于言，敏于行”的传统观念，不放弃任何当众演讲的机会，努力做一位“能说会道”的法律人。

后来的事实证明，因为自己踏好节拍、从不懈怠，并借力发展，

没有人不辛苦
只是有人坚持
而没有说出来

快速成长，才能在三家律所都破格成为合伙人。士别三日当刮目相看。当身边的人对我刮目相看的时候，我会获得比别人更多的机会，反之，我会失去更多的机会。俗话说：一步赶不上，步步赶不上。

悟性之能

身处任何一个行业，除了学识勤奋之外，最终能成为佼佼者，还需要有点悟性，而悟性比学历更重要。

当我用羡慕的目光看着那些名律师时，我曾有意识地查找他们的共性：高度的责任感、处事谨慎的作风、不懈学习的习惯等，当然也不乏有在名校受教育的背景。人与人之间通常的能力都差不多，真正的差距应该在潜质上。各个行业的专家都会有共性的思维方式和方法，他们能关注到某件事物的本质。通俗地讲，专家能用独特的视角，观察到我们普通人看不到的问题，他们去处理特别棘手问题的时候，会有独特的处置方法，会直击问题的核心和关键。

韩愈《师说》里说，闻道有先后。如果把掌握法律知识比作“闻道”，那么，那些大学专业不是法学的学生，相比于法学专业毕业的学生而言，“闻道”较晚，但是他可以通过后期学习，同样达到“闻道”的效果，即“闻道”并不难。但难的是，闻道之后能否融会贯通，有所作为。

做了多年律师，结识了不少律师同行，我深知，高手无处不在。虽然碍于面子，我可能嘴上很少夸赞别人，但我会在内心深处暗暗竖起拇指。只有怀崇敬之心，勇于向那些做得优秀的人致敬和学习，才可能成为被别人尊重或学习的对象。

就拿办案来说，很多人都能分析出案件中涉及的全部法律关系，但如何实现客户的目标就不是仅仅掌握法律知识就可以做到的。自己曾经参与一起案件，涉及同一债务人的不同债权，且不同的债权人采取了不同的债权保全或担保措施（如诉讼财产保全、应收账款质押、债权转让），在债务人的某一笔应收债权到期，债权人怎么才能“抢到”这笔债权？有些律师就能抽丝剥茧，不为表象所迷惑而发现问题实质想出解决之道，而有些律师却百思不得其解。这就不仅仅是“知”的问题，更是“悟”的问题。

心得

我们不能否认，名牌大学文凭，承载着人生奋斗的阅历和荣耀，蕴藏着深厚的人脉矿藏，是开启未来锦绣的钥匙。但是，这对多数人来说并非都能如愿以偿，正如不是每个人都会含着金汤匙来到这个世上一样。对于那些没有显赫文凭的学子而言，不必纠结过去，当下要做的，就是靠奋斗重塑未来。

深山寻师不辞远

和什么样的人在一起，会决定人的一生。

把脚放到更大的平台上，这是我刚开始执业选择律所的理念。

但几个月过去了，应聘屡屡碰壁，不是去的律所不招人，就是被告知留下简历等面试通知，工作一直没有着落，我急得像热锅上的蚂蚁。

水往低处流，人往高处走。我知道，认识我的人都在看着我到底会是什么样子。一个人离开原单位，要么是犯了错误混不下去被迫走，要么是找到更好的单位主动走。我是主动走的，但没有找到更好的单位，不，是没找到单位。

每天我都会买三份报纸：《青岛早报》《青岛晚报》《青岛日报》，

盯着报纸的广告招聘信息，我太需要一份工作了。每一天，我都感觉是那么漫长。

我不得不改变求职的方式，从稍小平台慢慢起步，尽快证明自己的能力。

终于有一天，《青岛早报》头版右上侧有一个“豆腐块”大小的律所招聘广告映入眼帘，我急忙向一位认识的律师打探了解这家律所。虽然律所成立时间不长，是从某大律所辞职出来的一批合伙人创办的，口碑都还不错，律所初创亟待扩大规模。

面试还算顺利，与所主任交流后，他把我引荐给副主任，一位看上去和自己差不多年纪的合伙人刘律师。

刘律师认真地看着我递上的个人简介，问我是否接触过诉讼案件。

我看着他，坚定地点了点头。但心“怦怦”直跳，担心他会提问有关诉讼的规定自己回答不上来而又一次失去机会。

后来发现，其实我的担心是多余的。坐在刘律师的对面椅子上，更多时间里，我是在听刘律师讲述做律师的感悟，我倒像相声里的捧哏，时不时地嗯一声和点一下头，以让刘律师谈兴不减。

或许，是我老成持重的模样骗过了他的眼睛，他简单问了几个问题后竟然同意录用我。

接下来的日子，我像一颗着了地的种子开始慢慢发芽，也开始慢慢熟悉这位“师傅”。他思想敏锐，善于雄辩，疑难案件在手，于无声处听惊雷，多是胜算。

他脸上时不时浮满笑容，说一些能打动我心坎的话，让我感受到温暖，在失落时能重新振作起来。感谢那三年跟随刘律师学徒的日子，让我能够快速成长（成为律所合伙人），现在想来，很多办案的良好

师徒一场终有一别
别辜负在一起的缘分

习惯也是从那个时期养成的。

律所之本

律师事务所是每位律师起步、发展的一个重要平台，虽然我刚开始求职的时候尚不明白选择律所应该关注哪些方面，但一个朴素的想法就是，到有名气的律所去。

在国内，虽然没有官方的评选，但是在律师的圈子里，律所还是分三六九等的，谁是一流律所，谁是二流甚至于普通的律所，江湖上还是有排位的。关键看一些衡量指标，比如，业务业绩、客户品牌、人员规模、人均创收、总创收额、参与重大诉讼或项目的业内占比等。

律师发展理念各有千秋：有追求小而美的精品律所，也有做大而全的规模律所。大而全的律所四海之内皆兄弟，以人多为发展目标，在全球赢得关注，轻而易举地获得“全球”“宇宙”最大所的称号。小而美的“精品所”近年来因专业程度高、资源好等因素而蓬勃发展起来，并逐渐进入人们的视野。

刚入行的时候，我也不懂得这些，像刘姥姥进大观园，只有通过感触身边的环境，观察律所的办公环境、律所规模、前台接待方式来判断律所的状况。

女怕嫁错郎，男怕入错行，选择适合自己的律所比选择知名律所有意义。近二十年的执业经历，在青岛、北京换过几家单位，让我懂得适合自己的才是最好的。

律所是律师工作和学习的舞台，律师新人都梦想是加入一家知名律所，正如学生时代梦想考取知名大学、毕业后梦想加入名牌企业一样现实，在知名的律所里面可以获得比较丰厚的福利、享用比较优雅的办公环境、追随比较优秀的律师团队、接触到高精尖的业务。红圈所、名所一直都是有志成为律师的求职者的理想。

但是，那些高大上的律所每年的招聘数量有限，门槛也越来越高，成为很多求职者难以企及的高地。另外，精品所的规模不大，但是其在相关领域具有较高的知名度，业务能力和工作待遇也毫不逊色，也逐渐成为炙手可热的求职去向。但并不是所有人都能如愿以偿，尤其是律师刚刚起步的时候，特别是像我这样的，没有光鲜的教育背景或骄人业绩，其实也就没有选择的权利，只有被选择的等待，苦苦等来的，多是石沉大海的沉寂，连回绝自己的电话口信都没有。

谁不希望能在律所中得到一份保底的较高薪酬，既让自己不失体面，又能确保家庭生活无忧。我还算幸运，有一份保底工资，虽然并不高，但我知道，某些时候，工作机会比薪酬更迫切。

所以，根据自己的实际情况去追寻相对理想的律所是比较实际的，我认为比较理想的律所是有一定规模、成立时间较长和口碑较好的律师事务所。

通常来说，这些律所的管理比较规范，专业分工比较明晰，平台带来的业务机会相对较多。在这样的律所里，能增长见识。虽然有些重大案件不一定参与实际操办，但是在参加这些案件研讨过程中能够看到案件的原型，至少可以向这些案件的代理律师讨教。成立时间较长、管理规范的律所，往往是经受住市场考验、其合伙人磨合度高、发展已趋于稳健的律所，去这样的律所，就如同选坐稳当的船只一样，行百里而不忧。

一般来说，律所的薪酬制度主要有两种：一种是公司制（又称绩点制），另一种是提成制。公司制下的律师薪酬不与具体案件的收费直接挂钩，根据律师对律所的贡献大小计发薪酬，其中贡献考核与在律所工作年限、成为合伙人年限、案源承办数量、管理投入等因素相关。

实行公司制薪酬的律所是比较知名的律所，客户找上门、案源充足、收成颇丰，律师无须自己去单打独斗却能衣食无忧，捧的是“金饭碗”。提成制下的律师薪酬与具体案件的收费直接挂钩，以一定比例计提自己的收入，自己为自己打工，自己做自己的老板，捧的却是“泥饭碗”，案源充足的，可赚得盆满钵满，揽不到案件的，温饱难继，坐卧不安。

目前，提成制是国内绝大多数律所的主要分配机制，提成制分配机制下的合伙人团队内部薪酬往往实行授薪制，即合伙人负责团队成员的薪酬，一般是基本工资（底薪）加年终奖金，团队负责人（合伙人）挣多少钱和授薪的律师没有太大关系，双方按照约定发放薪酬或奖金。这种方式对助理律师的好处就是有固定收入、不需考虑市场拓展、生活压力小，当然，助理律师也很难获得高收益。

我曾在多家律所工作过，也成了“跳槽”专业户。我总结选择律所的要素是：

第一，律所合伙人的事业心。就是要看律所合伙人特别是核心团队成员是不是具有一股精气神。是不是为了创品牌、实现自己的梦想而团结拼搏，是把律所当成事业来做还是为了营利而做。很多律所会在不同场合下展现本所核心团队的理念。心有多大，舞台就有多大，在舞台上如何出色表现，就要看有没有不服输的发展劲头。

因为工作关系，了解了一些“90后”的律所，有些已经功成名就，有些还在奔跑的路上。去这些律所会有不同的感受。有些律所能让自己激发干劲，激活自己的业务圈子，顺势发展起来。有些老牌律所沉浸在“小富即安”的幸福生活中，继续开疆拓土的激情已消失殆尽，在那里执业的律师估计也跟着老合伙人“乐不思蜀”，慢慢地也懒得拼搏了。如果想逼自己奔跑一下，不用说，应该加入那些具有事业心和精气神且不断创新的律所。

第二，律所品牌的成长性。没有对比就没有伤害，就承揽业务的成功率而言，律所品牌带给律师赋能效果是显而易见的。但是，我更看重的是律所品牌成长性。这里的品牌成长性，是指律所的品牌虽不耀眼，但律师士气高涨、律所发展迅速、口碑业绩声名鹊起、潜力无限。

在向客户介绍自己的时候，经常会遇到这样的场景：如果自己所在的律所是知名律所，律师自我介绍后，客户会迅速反应说，你们的律所很有名气，自己立马信心爆棚。相反地，如果自己的律所名不见经传，客户会想老半天说，自己好像知道某某律所（知名所），你们的律所以前没有听过。自己就得费很多口舌去介绍自己律所的亮点，不用说，此时黯然失色的伤感也会油然而生。

常言道：人靠衣服，马靠鞍。一个非常成功的人无须再靠外在的装饰去彰显自己的实力，但是对于一个刚刚出道的年轻人来说，我更需要靠外在的平台影响力去获得别人的认可。所以，对律所品牌依赖最强的应该是年轻律师，他要靠所在律所的品牌为自己“背书”和赋能，为自己去拓展案源创造外在条件。年轻律师应该争取到知名律所去发展，站得高一点，客户容易看到自己，退而求其次，也应该到成长性的品牌律所去求职。

对于一些资深的律师或合伙人来说，客户可能不知道他所在律所的名字，只是看重他的业务能力和他本人的名气，至于他是在 A 律所、

B 律所还是在 C 律所，并不关注。他们对律所品牌的依赖性很低。他们去承揽业务，凭的是自己个人品牌而不是律所品牌。当他们成为律所的管理者或实际控制者时，投入资金或精力建设律所品牌的积极性就会降低，更多会考虑节省成本，追求利润最大化，自然不舍得加大在律所品牌推广、年轻人扶持、新业务开发及培育等方面投入。如果我加入这样的律所，去开拓客户的时候就会面临上面的尴尬场景——客户没有听说过自己的律所。在这种情况下，律所品牌不能为自己的出身“背书”，也不能给自己的业务拓展赋能。

第三，律所的创收留成。提成比例高低是很多资深律师重点考虑的问题。因为提成比例关乎律师实际的收入或实际利益，当然地成为律师由一家所跳到另一家所重点考虑的现实因素。人各有志，律师和律师之间有着不同的考虑，我秉持的理念是：肉烂在锅里，吃得多，留得少，吃得少，留得多。提成比例高和低，其实是一个眼前与未来利益取舍的问题。

提成比例高，律师得到的多，律所留存的少，律所的品牌建设和推广就缺乏资金支持，这样律师的业务拓展必然受到掣肘。正如企业扩大再生产一样，如果挣了钱就拿回家，仅靠原有的资本赚钱，永远也做不大。现在已经有很多知名律所把提成比例降下来去做一些长远布局，如加大对年轻律师的培养、新业务人员储备和研发等，在未来，律师会普遍得到实惠。

第四，要考虑律所文化氛围和办公环境。在我们的生活中常说“以厂为家”“以院为家”的企业文化，讲的就是企业对员工的吸引力以及员工对企业的依赖感。很多律师除了周末待在家里之外，可能更多的时间是在办公室或者是在办业务的路上，因此律所的办公环境和文化氛围对律师来说至关重要。

有些律所倡导“和而不同”理念，律所里有油画兴趣组、合唱团、文学爱好组等小团体，让大家除了工作之外，还能享受很多共同爱好。还有一些律所是学院派的文化，师兄师姐师妹在一起，校友情缘让大家天然地亲近。

律所文化看似是一个非常缥缈的现象，但律所的文化氛围确实会影响律师的心情与合作。有些律所在外界有着良好口碑，充满正气、民主、正派。他们在业务风险把控、人际交往等方面给外界的印象很好，该所的律师就会有一种荣耀感，大家就更愿意传播正能量，珍惜自己的职业形象。相反地，有些律所存在拉帮结派、相互恶搞的办公室风气，就容易使大家产生摩擦，甚至发生拳脚相向的情况。在这样的律所里，会让人感到烦闷、压抑，待的时间越久，就会变得消极。所以，一家律所的文化氛围和工作环境是跳槽时应该认真考虑的问题。

第五，要考虑规模化的律所。规模化会带来一些发展红利。规模化的律所倡导要兼顾两级市场的开拓。一级市场就是直接面对客户，二级市场就是直接面对律所同事（业务转介、合作）。在一家十个人的律所，同事之间转借的业务机会是非常少的。如果十人中没有做刑事的律师，那么其他律师就不敢承揽刑事的业务。在一家上千人的律所，由于有人员规模，大家的业务就可以分工协作，相互补位，形成合力。民事业务律师可以承揽刑事业务，自己不能做就可以转介给做刑事的同事，这样的话就会形成互动和共享，产生“1+1 > 2”的效果。刑事专业律师也会承揽民事案件，承揽以后交给其他做民事业务的同事，这样不但能够带给客户增值服务，也能以最小的成本获得业务机会。

目前很多律所包括金杜、中伦等也在做规模化，增设分支机构和综合性业务部门，这样做的目的就是要分享规模带来的业务红利。因为业绩共享的原因，十人律所和百人律所的优势是不一样的，如在投标的时候，相比于十人团队的业绩，一百名律师的业绩肯定更加丰富，在这种情况下，谁最可能拿到案件也就不言自明。

当然，规模化律所也会产生一些客户的利益冲突。在这个方面，很多律所也是在考虑是不是通过“联盟”所的形式进行合作，使业务机会不丢失。

综上，我在选律所之前，都去跟律所创始合伙人、高级合伙人进行面对面的沟通，去现场感受律所办公环境，倾听他们的创业故事，从侧面了解这家律所合伙人的“三观”和为人处世的哲学，再作决定。

无论经历了什么，律师行业是块试金石，是金子迟早会放光。

刚入行的人求职不够自信，这种情况不光在律师行业，在其他行业中也普遍存在。个人觉得，应聘缺乏自信可能有两个原因，外部原因是招聘“唯文凭论”，内部原因是自身“抗打击能力”弱。每个律所招聘时，对应聘者没有更深的了解，可能只有看他的教育背景、毕业院校，以此来推测应聘者的能力。在这种情况下，非知名院校毕业的就比知名院校毕业的人吃不少亏，但这确是现实。

但我认为，律师界是最容易检验个人技能的行当，只要自己有能力，总会有展现自己的机会。有人说法学院是梦想开始的地方，我想说律师界是梦想实现的地方。也就是说，有梦想，在知名的法学院可能是个非常优秀的学生到了律所，很快能看出他技能是不是跟文凭相配。反过来说，虽然教育背景没有那么的显赫，但是如果为人做事很到位，悟性比较高并且有所特长，他很快就能在这个行业站稳脚跟。这时候此前的不足却成了他成功后的骄傲。

加入律所后，如果还能找到一位名师指点，是人生中一大幸事。

师傅之恩

我刚入行的头三年做学徒，过着苦行僧的生活，忙得像头驴，对团队的贡献却并不大，而且主要是做辅助性的工作，薪酬自然较低。在这个阶段，我苦苦支撑（为了面子想买车，从富康到大众帕斯特都曾想过，但都买不起），支撑我的仍然是学本事，而不是盯着薪酬提升。

我做过助理，现在也带助理。我认为，年轻律师尽快成为“名角”最重要，学艺别图钱。学好了手艺，还怕挣不到大钱？如果仅是盯在眼前的利益上，那可能会失去很多的机会。

过去的年代，有很多师傅带徒弟的模式，如山西的晋商、安徽的徽商，就是管吃管住，年终时给一点点银子作为赏钱。他们的理念就是，师傅免费教、徒弟白干活。其实，在目前的律师界这种形式也非常普遍，具体原因无须分析，存在即合理，这可能是目前市场选择的结果。所以，我的理念就是，不抱怨，把眼界放得长远一点，才能得到自己想要的。

曾经带过我的师傅刘律师给我讲述过《西游记》中的团队故事，这个故事我也经常给我的团队讲。一路上经过九九八十一难，唐僧这位师父，除了惹来妖魔鬼怪的追杀增加徒弟们救援难度外，连吃喝拉撒睡都离不开徒弟们的照顾，自己似乎是一无是处。但是，正是这位领头人，在徒弟们意志飘摇之时，用自己坚定的行动引领徒弟们消除散伙回家的杂念，勇往西天前行，并最终修成了正果。所以，师父的引领作用是徒弟无法取代的。好的领路人会胜过自己自发野蛮生长。一位好师傅，会让自己少走弯路，尽快成长。哪怕是他的一个眼神、一次点拨，都会胜过自己苦苦挣扎的很多日子。

在律师的行当，师傅带徒弟做业务是一种传统的培养模式。找到一位人品正、社交能力广、办案能力强的合伙人做自己的师傅或职业向导，应该是年轻律师的福分。

如何找到一个比较理想的师傅？我的做法是，诚心拜师，能胜其托。但是，要找到一位好的师傅并不是容易的事，因为“僧多粥少”，求职的年轻律师多，有职业经验愿意带徒弟的师傅少，所以，目前现状是师傅选徒弟，而不是反之。

现在我也是团队的一位师傅，做师傅的最朴素的想法就是，希望把自己的经验传授给有上进心的徒弟，让他快速成长。

俗话讲，一日为师，终身为父。在律师这个行业里，师傅教会自己的不仅仅是某条法律条文，他会像父亲那样教授书本里没有的很多社会知识和办案经验。在律师圈里，更多的资深律师找到优秀的助手，更多的年轻朋友们找到心目中的师傅，各美其美，美美与共，律师的社会地位和服务质量才能得到提升。

所以，要想成为师傅愿意带的徒弟，要有办事能力。没有办事能力，交办的工作不能出色完成，即便人品再好，也不会获得师傅的信赖。

病人不可能把自己的身体交给没有能力的医生去做试验，哪怕是最亲近的人，我们客户也是如此。客户与律师的私人关系再好，如果律师没有“金刚钻”，他也不可能把他的“瓷器活”交给律师。推己及人，如果想成为一个让师傅信赖的人，除了人品好，更要业务能力强，否则的话，他很难把重要的事情交给他，也很难吸收他成为团队的一员。

闻道有先后，术业有专攻。师傅也是从初始阶段来的，作为师傅，他看重的绝不是年轻律师开始执业时的笨手笨脚，而是年轻律师是不是一个乐于学习、有悟性的人。虽然“闻道”在后，但是一旦“闻道”，年轻律师就应融会贯通、快速提升。不会因为他不知而责怪他，怕的是他之后还犯同样的错误，给师傅留一个“孺子不可教”的坏印象，所以，跟随师傅，要坚守两点：一是诚实可靠，二是要努力把手头的事情做得更好。

我跟随师傅工作一年多，感觉师傅对自己的评价也不错，就有了“独立执业”的念头。刘律师告诉我，“独自下山打天下”急不得，这绝不是一个念头、一个想法就可以支撑的，厚积薄发才是律师业发展的基本规律。千万不要在稍微有点成就的时候就沾沾自喜，以为自己可以独当一面、独闯天下了，这是一个舍本逐末的危险想法，一年时间只能学些“皮毛”，并不能获得真传，操之过急，只能是个“半把式”，有害无益。

我知道，有些律所的“三年级”律师既不允许接案子，也不允许独立办案子。如果接手的案子做不好，失去的不仅仅是客户，也包括师傅和其他人的信赖。信赖无价，挣钱是迟早的事，一旦信赖失去，就再也难以建立了。

由此，我诚恳地接受了刘律师的教诲，安心做了三年学徒，踏踏实实地做好手头的工作，学成后再辞别师傅“独闯天下”。

人要靠谱，让师傅信赖自己。如果他不信赖或者自己做事赢不得他的赏识，自己就不可能成为一个好助手、好徒弟。比如，我们团队的口号是：由我负责，一定能行。简言之，就是在团队成员之间、团队与客户之间建立信赖：我办事，你放心。以责任赢信任。

古人云，三人行必有我师，师傅如山，修炼有种境界，叫“看山不是山，看水不是水”。师傅的才能、待人接物的方式、坦然处事的态度是自己作为助手看不明白的，很多时候，做徒弟的会高看了自己，低看了师傅。多年以后，才知道那时是多么幼稚。

心得

好的种子唯有落到肥沃的土壤里才能有好的收成。土壤是种子扎根开花的基础。每位律师如同一颗种子，而律所和师傅就好比种子要扎根的土壤。种子能落到哪里，长成什么样子，取决于种子的选择和运气。

在别人的戏里当配角

在艰难中修行，是化蝶高飞前的脱茧蜕变。

小时候，爷爷领我看乡戏高密茂腔，告诉我：学唱戏，要当角，不是角，就要跟着角跑（龙套）。

刚开始加入诉讼团队，我跟随刘律师接待第一位客户，谈的是股权纠纷案件。

待客户介绍完基本案情后，刘律师慢悠悠地端起茶，轻轻呷了一口，想先梳理案件的脉络。

客户的案件与最高人民法院的某指导案例如出一辙，几天前我刚刚看过。神助我也，以此证明自己能力的时候到了，我迫不及待地率先发言，侃侃而谈。

当我一口气说完，倍感畅快，不用说，客户肯定会觉得，强将手下无弱兵。

但我却发现刘律师一脸的不悦，他让我出去取一壶热水过来。我心里开始发毛，我刚才的发言哪个地方错了呢？

送走客户后，我被叫到刘律师的办公室。

“你是不是觉得自己发言过瘾？”刘律师问我，我丈二和尚摸不着头脑，低着头不敢回答，难道我说错了什么？

“你知道团队角色分主次吗？”刘律师接着问。我开始意识到自己的错误所在，我抢戏了。

“团队有分工、有主次、有顺序，不是谁有本事谁逞能！

“你讲的没错，你最大的错是不知道在什么时候讲。

“有你讲的时候，但不是现在。”

那个时候，我深深意识到，在别人的戏里，不要把自己当成主角。

2004年刚入行时，我跃跃欲试，摩拳擦掌，幻想尽快地挣到大钱，想尽快地接案子，哪怕是接几千块钱的小案子，也想尽早通过自己“操刀”，自力更生，披荆斩棘，独上高楼，成长为一名资深大律师。

但刘律师的话始终在我耳边回响，一名新手，没有执业经验，难以确保办案质量，搞不好会给客户造成损害，有些损害可能是致命的、难以弥补的，自己也跟着遭罪。所以，我内心不安分的火苗一旦着起，瞬间就会被浇灭，安下心继续做助理。

在商界（特别是金融界、互联网界），天才可以一夜之间涌现出来，年轻的程度让人咋舌。但在律师界这几乎不太可能，律师界没有一夜暴富的“土豪”。

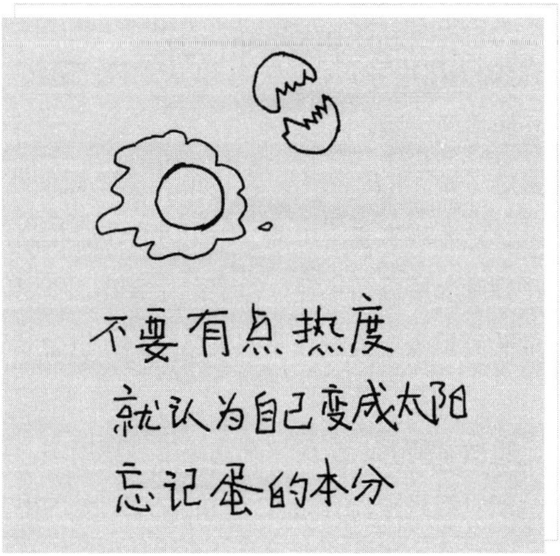

不要有点热度
就认为自己变成太阳
忘记蛋的本分

虽然俗话说，吃一堑长一智，但是有些“智”并非必须用悲壮的形式“吃堑”而获得的。资深律师的善意提醒或轻轻点拨，就可能帮自己避开的“坑”，又何必要靠“掉进去爬上来”的方式获取经验呢。急着独立执业、去“单飞”，不与团队一起成长，就不能博采众家之长，不能获取合伙人的成功经验，这样的律师如同在缺乏温暖的家庭中成长的孩子，自己的人格也可能是残缺的。我庆幸自己遇到一位和蔼可亲、有能力又热心的指导律师。

厚积薄发是律师行业的客观规律，不能幻想一蹴而就、一夜暴富、马上赚到大钱，这不现实也不可能，因为客户不会把高额的律师费支付给一名新手律师。所以，年轻律师要耐住寂寞，不要因为与资深的律师差距大而感到沮丧或泄气，要相信总有一天也会成功，只是没到时候。

如今自己也做了师傅，从另一个立场来观察助理。其实年轻律师也不容易，他们没有经验，有的时候写的文书、做的事情确实是价值不大，甚至还会频频出错，而且可能是重复的错，但是每个人都是在这种反复中成长起来的。所以，年轻律师和师傅都应该认识到这种规律，相互理解，努力磨合。

养兵千日用兵一时。每位师傅在平时对年轻律师的“传帮带”之后，都希望徒弟在关键的时候能够给自己以强有力的支撑，这是一个非常现实的问题。

我发现，越是成功的律师，对年轻助理律师的要求或者依赖可能越高。因为成功律师承接的案件标的额或复杂程度相比而言都比较高大上，因此他更需要有能力的助手帮他分担一些基本工作，这样可以腾出更多精力去把控案件大局。成为这些律师的助理，自己身上的担子会比较重、工作压力也比较大，还要闷头做好看似“鸡毛蒜皮”的事，但未来会明白没有白受的苦。

当律所对新入职的律师进行一些基本礼仪培训、工作流程培训时（包括立案、结案、费用报销等一系列基本的事务性培训），我时刻告诫自己认真去学习，不能眼高手低、不屑一顾，只有学好了才可以为合伙人或者为师傅接替一些日常工作。

助理之路

回顾为刘律师做助理的几年时间里，自感还算称职，在很多方面还是下了功夫。

首先，力所能及地承接辅助工作，让师傅能够腾出更多的精力去做一些更重要的事情。比如，平时要注意观察或思考接待客户的准备工作，包括联系会议室、准备桌牌、茶水、纸笔、行程安排以及酒店预订等，不需师傅为此再牵扯精力；再如，要召开一次案件的研讨会，涉及资料准备、法律检索等工作，助理要提早地梳理和准备，这样的话，就会让客户感受到团队训练有素、有条不紊。

我的体会是：执行命令之前，先要记清楚目标是什么。

有一次我为刘律师开车去法院开庭。时间紧急，上车时刘律师就说：“要快点，去延安三路某某法院，过山东路后立即上胶宁高架，之后第二个红绿灯右转，在绍兴路停车，快。”

车子经过胶宁高架桥后，我问：“是下一个红绿灯转吧？”他说：“第二个红绿灯才对。”

到了第二个红绿灯，我又问：“需要转进去吗？”他说：“上车时已经说过，在绍兴路上停车，不转进去怎么停？”

事后，刘律师批评我说，你习惯于一个命令一个动作，听命行事，不关注自己的目标，边干边问，像一匹被蒙住眼睛的拉车驴子，走到哪算哪。

我深以为然，干工作，目标先要明确，否则容易偏离方向，无功而返或耽误时机。好在那次开车没有耽误开庭，否则，就不知道会是什么结局了。

其次，对师傅的工作理念充分理解，不能自以为是，包括做事的一些原则都要细心去观察和理解。从角色分工上，助理是做辅助性工作，要做到服从，毕竟自己是个助手，要辅助师傅去完成一些法律基础工作，所以要服从师傅的工作指派。但又不能被动，虽然助理是由师傅来安排工作，但是很多情况下，我会创造性地去为师傅考虑一些问题，还要主动地想师傅办案时没有想到的问题，拾遗补阙。

在一起欠款案件中，我们作为被告的代理人，抗辩点是原告起诉已超过诉讼时效。原告主张曾前往被告公司催讨过欠款，属时效中断，不存在超过诉讼时效的问题，并提交了飞机票、出租车票、酒店住宿发票以及原告员工答应出门迎接的短信。

我写了代理词给刘律师看，但没有提及原告主张时效中断的证据。

他问：“为什么不在代理意见中描述和分析原告到客户公司的证据，谁教你的？你明明知道这些证据。”

我顿时无语，沉默了一会儿。

我说：“其实谁也没有教过我，但在我的意识中我们代理案件，对客户有利的证据要强调，对客户不利的证据就不说或少说，这就是我的基本判断。”

他说："你无视证据，证据就像气泡一样过一段时间就消失了吗？你不说，法官看不见吗？

"你这是掩耳盗铃，回避证据，而不是正视证据，结果是欲盖弥彰，反受其害。

"要正大光明地描述证据，无论是己方还是对方提交的，证据是绕不过的，但原告以去过被告公司的证据来证明催款的事实，就另说了，至少不排除有洽谈其他事宜的可能，这就需要我们作出分析。"

我补充了该证据描述并分析称"该证据最多能证明原告去过被告处的事实，但并不能证明去催款的事实"，最终获得法院认可。原告诉讼请求因过诉讼时效而被驳回。

为了维护这个团队特别是师傅的权威，要顾及大局，不要在客户面前草率地提出所谓的"合理建议"。应事后跟师傅请教，让师傅对自己的建议是否正确、是否要采纳做指导，知其然，又知所以然。

既然是助理岗位，就要注意自己是辅助角色，不能喧宾夺主，以为自己是律师就要独当一面，在客户或者师傅面前展现自己的能耐或担当，这是禁忌。在主办律师、客户面前，不要乱讲话，因为很多事情自己还没有能力胜任，唐突地表达意见，一旦说错了，主办律师不好圆场。即便是通过主办律师的解释圆了场，也不仅仅丢面子，关键是会让客户感觉到自己所在的团队没有组织性和纪律性。如果给客户种下冒失的印象，以后要跟客户对接业务，客户就会觉得自己学识短浅而不认可自己，对工作也不利。

当然，也不能缩手缩脚做配角。既要让当事人能够感觉到团队是热情、高效、勤勉，又要让师傅感觉到自己的价值，这就需要助理在日常认真观察、模仿和思考配角如何发挥作用。既要主动补位又要完

年轻律师的明天
定会阳光灿烂
但今夜寒风刺骨

成主办律师安排的任务，补位时要注意所处的环境，要合时宜地提出自己的建议。

另外，要能吃苦耐劳。助理的工作比较辛苦，因为自己是新手，能力有所限，师傅一个小时能完成的工作，自己可能要一上午的时间，特别是在事情紧急的情况下，师傅要求限时交付文件的时候，自己往往手忙脚乱，手足无措。

年轻律师需要培养，只有把他们培养好了，才能助力师傅宏图大展。所以，在带团队的过程中，我经常请年轻人吃饭，化解合作中的小小过节，师徒相向而动，亲密无间，合作制胜。

同时，年轻律师也不要总抱怨薪酬过低，因为师傅确实不是需要年轻律师的体力健壮去干粗活，他们需要律师能够提交有效的成果。年轻律师提交给师傅的法律文书，可能没有任何价值，还需要师傅重写或重改。年轻律师可能会说，自己加班到深夜，没有功劳也有苦劳，师傅怎么这样不尊重自己的劳动呢。但一份对师傅没有价值的法律文书不仅耗费了他的时间，还耽误了师傅向客户交付成果。

我觉得，在师徒关系上，大家要有相互感恩的心。不仅仅是助理对师傅的感恩之心，也包括师傅对徒弟的感恩之心。对师傅来说，有这么一位年轻助理帮自己递资料、查法条，伴自己左右，也是当师傅的一份福分。只有有了感恩的心，很多的事情才容易达成共识。律师的工作已经非常辛苦，在短暂相处的时光里，何必心生芥蒂呢？

作为年轻律师，要做一个仔细人和有心人。世事洞明皆学问。既然是跟着师傅学，就必须搞清楚师傅为什么这样做而不那样做，师傅这样做得到了什么。做有心人去铭记、去思考，这样自己才能有所提高。如果只是师傅说什么就做什么，做完了就万事大吉，那样只会看到生产线上的一段环节，很难看到全局，很难有大的提升。

对助理而言，虽然自己不是案件的主办律师，但是也要像主办律师那样去思考：如何拓展思路、如何准备证据材料、如何在法庭上发言。要在自己心目中不停地演练，才能够快速地成长。

我深深懂得，做个助理不容易，为了让自己的师傅和当事人满意，苦活累活拼命干，还时常被批评。有一肚子的委屈没处说，个中滋味没人懂，但是，是坚定者就不应因此而畏惧，哪种人生不是经历风雨后迎来彩虹？

当然，每个律师都是从“毛糙”的阶段发展过来的。只要肯坚持，随着案件经验的积累，就会得心应手的。耐住寂寞，忍受清贫努力地做好本职工作，这是一个助理律师的本分。在艰难中修行，是每位助理的必经阶段，是化蝶高飞前的脱茧蜕变。勇敢地接受锻炼，才能快速告别青涩的自己。

心得

师傅领进门，修行在个人。被师傅领进门后，忘掉自己，找到自己的位置，完成这个位置上应该完成的任务，不畏苦累，专心致志。出门时，才能发现长大的自己。

第二编

职场修炼待发

职场

修炼待发

适销对路

没有一成不变的市场，只有不断调整的专业。

2005 年我在青岛做诉讼律师，还很难做到专注于某一类或某一领域的业务，这样的现状决定了每个人的艰难求索。每个人都在努力寻求专业化方向，寻找自己的业务专属“标签”。

有位老同事看我是理工科毕业，就建议我去考专利代理人资格，未来可以做专利业务。当时我也心血来潮，法学院的学生不能考专利代理人资格，工科毕业反而有了优势，加之自己在电力企业工作九年，有一定的实务经验，也觉得专利业务是适合自己的立身专业。

事不宜迟，马上行动，我购买了专利代理人资格的考试资料，开始复习并报名 11 月的考试。

转眼间，考试的时间就要到了。

我找到考取专利代理人资格的律师讨教考试经验，得知在青岛专利方面的业务凤毛麟角，即便有，客户也都委托了北京的律师办理。

我果断放弃了考试。理由很简单：没有市场需求的专业，不值得深耕。

2011 年 11 月，我又试图“打造”创新专业——产品质量法律服务。

我查遍很多律所的专业服务范围都没有该专业，觉得这个专业可独树一帜，且具有前瞻性，市场定位为知名企业的产品（汽车、电器、药品）质量法律服务。

为此，我写了第一本专著(《企业产品质量法律风险管理实务指南》)及专业文章进行宣传，并拜访北京、上海等地的知名企业，坚持了几年，只承接了一些不大不小的案件，最终并未“功成名就”。

虽然很多企业视产品质量的声誉高于一切，愿意花十块钱“打”一块钱的官司，但是，产品质量的纠纷大多以调解方式结案，并未形成“水火不容”的对抗诉争。所以，企业并未将该事项作为专业需求去聘请专业律师，产品质量法律服务的研究和宣传也就此偃旗息鼓。

专业之选

我总结了自己的专业发展轨迹，感觉律师专业是不同发展阶段的选择，没有一成不变的专业，一切的专业都要围绕市场需求而变化。律师的专业方向，是市场、机遇、学习等多种因素的共同结果，并非律师自行选择的结果。

首先，选择专业要结合自己工作经历，从熟悉的领域着手。比如，我曾经在发电厂工作多年，转行做律师，就从电力相关的企业法律实务做起，这样的选择比较靠谱，至少有一定的实践基础。但如果连这些基础都没有，大学毕业做律师，或者只是通过了法考来做律师，就不需有太多念想和纠结，一步一个脚印慢慢来，跟随的师傅做什么专业，就先从师傅的专业慢慢学起。正如高中没学过船舶专业，考上了船舶学院后，学校教什么我们学什么，这也是一种选择。

专业所长、性格爱好、成长环境等优势以及市场的捕捉能力也是律师选择专业的考虑因素。成长环境主要是律师以前的生活或工作经历，我在电力系统工作过，熟悉这个行业，就希望在这个领域继续深耕。

捕捉能力是指从现有客户中发现未来的市场或商机的能力。比如，多少年前，中伦所从自己的“贵人”潘石屹的房地产发展中嗅到中国房地产发展的巨大潜力，并依托房地产业务踏上律所发展快车道。

其次，入门律师没有选择专业的资本。正如大学毕业后找工作的道理一样，不是因为学过政治学，就一定能去政府当官员。律师的专业取决于市场需求和个人背景，但最重要的是基于市场的需求而确定。律师的学习经历、工作能力又决定着专业选择宽度。除非律师在某方面有特长、有建树，否则他很难自己选择专业方向。比如，某律师对知识产权有深入研究，是一名知识产权博士，那他可以申请加入知名律所做知识产权方面的业务，在这种情况下，他有能力对自己的专业做出选择。但多数的人可能没有这个能力，只是考取了法律职业资格证，甚至都没有接受过法学院的系统法学教育，只有对想象中的某专业的向往，在这种情况下，根本没有选择专业的基础或资本。

最后，没有一成不变的专业，即便做某专业，也有可能会根据市

抬 出 巷 子 外

才 能 靠 近 市 场

场需求适时做出调整或改变。也就是说，律师始终要追随市场需求去做业务，要不停地学习新领域的新知识。否则，即便是做了十几年已经特别精通的专业，也可能会被市场淘汰。

比如，2000 年前后，是海事海商业务黄金时期，专业律师少，利润空间大。青岛海事法院很少在本部外设立派驻法庭，周边地区涉及海事海商的案件就要到海事法院本部去诉讼，那个时期，很多青岛律师特别是学过海事海商专业的律师，凭借地缘优势，确实赚得盆满钵满。

时间转到 2011 年前后，市场发生变化了，海事海商领域的法律以及海事秩序越来越规范；法院发生变化了，青岛海事法院已经在烟台、威海、日照分别设立了派驻法庭，当地很多海事海商纠纷无须去青岛海事法院本部诉讼，客户一般就近找当地的律师代理案件，而很少再在青岛寻找律师代理。再加之海事海商专业毕业的年轻律师涌入该领域，与老律师们抢夺市场，粥少僧多，业务利润大幅退减，那些曾经在海事海商领域有所建树的大咖，几乎都撤离了这个领域，不再做海事海商业务，掉转“船头”，另寻出路去了。

另一个典型的例子就是房地产业务。2000 年左右，房地产开发热潮开始兴起，那个时候只要有钱都可以做房地产开发商。房地产开发初期，秩序混乱、开发经验缺乏，大量房地产纠纷案件由此而生，为此，法院也收到不菲的案件受理费，律师得到高额的律师费，真可谓“一些人的纷争，一些人的盛宴”。

但现在房地产业务如明日黄花，纠纷案件数量已大不如从前，多数房地产企业资金紧张，付费能力大大削弱，房地产专业的律师也慢慢改弦易辙转向其他专业寻求发展。

再如 IPO 业务，在特定的时期特别火爆，每单上市业务至少收两三百万元的费用，但现在因受市场经济形势影响，IPO 业务成为“一块可啃可不啃的硬骨头”了，食之无味弃之可惜，不过一百万元左右的“收成”。

综上所述，当年那些曾经非常光鲜的专业已经消失，或者变得不是那么光鲜。

市场之变

娱乐业法律服务市场是近几年新兴的市场，已为北京星权律所盯紧切入，以当红明星的个人肖像权和知识产权维权等业务为主打，仅短短三四年时间在演艺圈内已小有名气。

新能源、大飞机、5G 应用等新行业新产能势必促生新需求，金杜、中伦等知名律所已将其列为新的业务增长点。

近几年，破产重整案件成为律所收费的“蓝海”。2021 年 6 月 4 日，揭阳市中级人民法院根据债权人的申请裁定受理康美药业重整案，并于同日指定北京市金杜（深圳）律师事务所担任康美药业管理人。破产费用包括案件受理费、管理人报酬、聘请中介机构的费用、设立信托计划的相关费用、转增股票登记税费、股票过户税费及管理人执行职务的费用等，预计金额约 2.5 亿元。在本起重整案中，金杜律所的收费绝对不菲。但这并非金杜破产案件中高额收费的个例。

在当前全国“反腐”以及金融、上市公司监管加紧的大形势下，刑事犯罪的辩护业务会大幅增加，而且多数是政府公务员的职务犯罪、公司的高管犯罪。在这种情况下，做刑事的律师迎来了业务量暴增的黄金期，虽然不宜称为“政策红利”，但确是因为政策原因引发的市场需求，让律师们眉开眼笑、应接不暇。

很多律所要求律师的专业定位为“一主两辅”，实际上就是要求律师“一颗红心，两手准备”，不要把鸡蛋全都放到一个篮子里，既要强调专业主打，又要兼顾副业发展，确保市场创收。无论未来如何变幻，技多不压身，有备总无患。“一主”就是要有重点突出的主导专业，“两辅”就是要有与主专业相关两个专业做辅助，最终形成“三足鼎立”的稳定格局。

现如今，“新三板”挂牌业务已悄无声息花落去，但国家为了促进资本市场繁荣，又设立北交所，让原来“新三板”挂牌企业看到成为上市公司的转机。当然，对应的上市法律需求会同步产生，又让很多律师喜上眉梢。总之，无论市场如何变化，唯一不变的就是我们“遇山开路，逢水架桥”的应对态度。

如果把大海形象地比作某领域，鲸群比作该领域的客户，鲸群浮出水面呼吸比作客户需求（法律需求）。我觉得律师在拓展业务时，不仅要关注大海有多大,更应关注鲸群在哪里,特别是要紧盯鲸的呼吸，并及时迎上去。

在现实中，有些律师只盯着大海沾沾自喜，而不去聚焦鲸群，总觉得海大必有鲸，最终迟迟等不到客户上门，大失所望。如有位做建设工程法律业务的同事曾经跟我交流，他认为国家新基建投资五万多亿元，当然地认为基建法律服务市场会出现“井喷”，律师业务会应接不暇，但等了一年之后，却并未如己所愿。究其原因，法律服务需求并非与基建投资额的增加相应增加。

我认为，立足当下，做好手头的业务，结合自己的爱好或熟悉的领域，并根据市场需求及时调整服务方向，就是最好的专业选择。

我经常拿射击比赛的场景告诫自己，提前做好知识储备，珍惜“接案”机会。射击比赛中，一旦箭射出，击中靶子那一刻，结果就定型了，不容修改。对自己来说，很多情况下，谈客户只有一次机会。接待完毕，结果也就基本定型了，要么同意委托，要么不同意委托，客户不会给律师第二次机会。

所以，要珍惜来之不易的机会，平日里要苦练内功。等客户来了，一定要用实力“一次性征服”客户。客户与律师见面时，是不容得律师再去研究的。因为任何人不希望自己的案子成为律师的试验品，他只希望律师拿着别人做了试验取得经验之后，把这种经验运用到自己的案子上。所以，想在接待客户时捕获案子，就必须掌握充足的法律知识，对客户的提问做到有问必答、答必答对、对答如流，让他感觉自己非常专业。否则，一旦出现纰漏，可能就没有第二次“射箭”的机会了。

心得

服务的本质是满足客户需要，提供法律专业服务是律师的本分。所以，针对客户的现实法律需求，提供相应的专业服务，就是法律服务的适销对路。这也是律师专业定位与选择的实质。

老东家的饭

不留恋，学成归来时，当仁不让。

我从企业辞职后独立执业做律师，首先面临的困境就是没有案源。

要不要将老东家（原单位某企业）发展成自己的客户，一直在我内心中纠结。从老东家出来，在“扬眉吐气”的兴奋劲过后，我开始感到客户开拓的艰难，每每从拜访的客户处走出来，形单影只，身心疲惫，像霜打的茄子无精打采。去不认识的客户拜访，往往在大门处就被保安以领导外出不在家为由而拦下，灰溜溜地返回。

很长时间内，没有案子可做，我就默默地研究最高人民法院的指导案例，思量其中办案技巧，揣摩原被告代理律师在每个细节上的处理方法。每天早早地来到办公室坐下，感觉座位是如此冰冷，但内心必须坚强，苦等“大案将近”，好运光顾。

我买了一些励志人物传记类图书来读，慢慢地认清了自己所追寻和向往的律师风格，也确定了业内自己崇敬并希望学习的人物，他们都是发于籍籍无名的小人物，以超人的定力，忍受并度过了没有案源收入、默默研修积淀、不断努力提升、耐心等待机遇等阶段，最终以深厚功力抓住了天使的翅膀，一案成名。我希望通过同样的方法，成为他们的样子。

我与以前的一位同事商量，要不要回原单位求一点业务做。

他怼我说，大家都认为你已远走高飞，去更好的平台发展了，你这倒好，又回来找食吃？做律师总要有点骨气吧？咱们单位还有别人跳槽出去做律师，一去不复返，饿死不吃嗟来之食。俗话说，好马不吃回头草。好不容易从这里辞职“逃”出去，怎么好意思又来“讨饭吃”？你如果真回来找业务，丢不起那个人。

他为我分析了缘由：“一方面，从单位辞职，你与原单位之间就多了隔阂。如同多年的朋友分手，分手就会伤感情。在这种情况下，从原单位走出去，又转身回来把它发展成为客户，从感情上讲，确实让人难以接受；另一方面，原来的同事谁不知道你初出茅庐？轻易不会交办案件给你，这是一个现实的问题。

“即便给你一单业务，也很难高收费。为什么呢？你在原单位为何要辞职？一个重要的原因，是因为赚得薪酬不如做律师赚得多。在原单位一年的薪酬就 10 万块钱，你现在一宗案件收费都要 10 万块钱以上。人没有变，相隔没多少日子，收入就翻天覆地的变化，原单位的领导和同事谁能接受得了？

“另外一个问题是，为了避嫌，没有人敢把案件交给你办理。无论是原单位的法务部、企划部还是其他部门的人，大家都会为了避嫌不敢将案子交给你，除非单位的‘大老板’发话同意。因为一旦将案子交给你办理，立马就会暴露他们与你的关系，也可能会有利益交换的流言蜚语。谁不忌讳？”

我深感他言之有理，这不仅仅是“饿死不吃嗟来之食”的面子问题，更是残酷的人情世态。与其这样，倒不如去开拓其他陌生客户，因为新客户并不知道自己的底细，自己表现得好，说不定就能签单且收费不菲。

言语如此刺耳，我也是一时无语。是呀，想当初是那么急切地逃离，现如今又是那么急切地回来求得一单业务，怎么能抹下面子？

生活中的很多事不能急于求成，欲速则不达；临渊羡鱼，不如退而结网，练好自己的内功，华丽转身后再回来，相信更容易赢得他们的信赖。我不能回去，即便回去也不是现在。我必须苦熬没有案源的艰难日子。

我为何产生把原单位发展成客户的念头？原因也不复杂：对原单位比较熟悉，在一个“熟人经济”的社会里，去开拓熟悉的人脉效率高，驾轻就熟，不再需要认识、交往、沟通的漫长过程。老东家多少会念一些老感情，不会像新客户那样冰冷，相比于开拓一家新客户，开拓老东家更容易，至少进门要容易些。但正如我的那位同事所说，熟未必有机会，只有行才会有可能。

经过五年不懈努力，我成了律所合伙人。去拜访了老东家，老东家竟然同意聘任我做常年法律顾问。这五年，我感觉自己活过来了，能以一种从容不迫、平视的眼光看待老东家这位新客户。

人 生 要 想 红
关 键 时 刻 要 忍 住

事后我才知道，老东家是念我“人走茶不凉”的感情：多年学业已成，还不忘报效企业。

刚从老东家辞职的那段时间，遇见有些老同事也只是象征性地打个招呼，他们也会和我热情地握握手，但没有进一步交往的意思。在路上碰到某老领导，如果他正在和某个人交谈或者打电话，往往会装作没有看到我。但当后来自己成为合伙人并担任老东家的法律顾问时，我很快意识到很多老同事对我的态度变了。现在想来，生活中的世态炎凉，也是逼迫每个人不断上进的动力。

有一部电影叫《大圣归来》，我套用这部电影的一个桥段，学成归来时，当仁不让。在孙悟空大闹天宫前，连巨灵神都不把它放在眼里，大闹天宫后，各路神仙都对他毕恭毕敬，而成为斗战胜佛后，则和菩萨平起平坐。

《三国志》中介绍吴下阿蒙，士别三日，当刮目相看。一个人被刮目相看时就容易赢得别人的信赖、尊重，身价也会随之飙升，这个时候才是最好的时机。急于求成摘下的果子，不见得是甜的。

市场很大，只要有能力，不一定非要紧盯着原单位，至少不要急切地想得到它。而且，原单位可能没有太多法律需求，所以也没必要只围着原单位打转。

等哪一天学成归来，成为一位非常有名的律师，自己能力强了，再承办原离职单位业务的时候，那种成就感以及自我价值都会发生质的飞跃。

心得

无论生活多么艰难，都要懂得，饭不是乞讨来的，而是挣来的。如果可以把客户比作衣食父母，那么他们的饭同样需要我们靠专业去挣，而不是求。

“淘金人”今安在

年轻的心，本不该波澜不惊。

电影《阿甘正传》有句经典台词：生活就像一盒巧克力，你永远不知道你会得到什么。

到北京发展，是之前从来都没有过的念想。因为我与北京没有任何连接：祖上跟首都没有关联（如果非要扯上点关系不可，印象中父亲年轻时曾拿着小红书在首都天安门前照过一张黑白照片），本人没在这里读过书，家里没有实在亲戚在北京，所以从没有动过北漂的念头。

2015 年前后的北京，是名副其实的“黄”（雾霾黄沙）城根。每次来北京出差，恨不得当天回青岛。听说很多人都在逃离北京去南方享受山清水秀的生活。我也曾为生活在青岛躲过雾霾不用南下江南而沾沾自喜。

但就在偷着乐不久，2016年年初我却北上皇城根，加入“吸霾”大军。北漂的想法只源于与律界一位资深大佬的聊天。

他说：“不到长城非好汉。做律师不到北京去发展，都看不出怎么样。”

“此话怎讲？”我还是第一次听人这么说。

“北京律师无论创收还是专业水平，都执全国律师之牛耳。地方律师是做地方业务，而北京律师是做全国业务。真有本事的律师在地方上施展不开，看不出其能。没有本事的，全靠裙带关系活着，如滥竽充数之人，也难以辨其拙。”

与君一席话，胜读十年书。我突然理解了张艺谋曾在一档电视访谈节目中所说“所有的成功，都需要到北京去检验”的含义。

或许，我的骨子里对未来充满好奇，我想去北京试试。

那天晚饭，我亲自下厨炒了几个菜，拿出几瓶青岛奥古特啤酒。

酒至半酣，借着酒兴，我涨红了脸，突然向家人宣布：

“元旦以后，我决定去北京发展。”

“去北京？伸手不见五指的地方？开什么玩笑。”显然，家人并不相信我的话，他们肯定觉得，生活得好好的，这中的是哪门子邪。

“我考虑了很久了，趁我还年轻，我想去试试。”我说得很坚定，像是深思熟虑后作出的决定。

“你先把舌头捋直了，考虑了很久，以前从没听你说过。”

“嗯，我一直在思考，没有深思熟虑，我一般不会说。”

有坚定自我的人
无论走多远
都能找到回家的路

“你还年轻？”

“嗯，按照联合国卫生组织发布的标准，44 岁以下都是青年人。我还不到 45 岁。”

“嗯，听说现在有钱富翁任性，没想到你也很任性。”

“嗯，任性需趁早。”

最终，家人还是同意了我这位年轻人到北京闯闯。

那天清晨，我急匆匆地将生活的家当装进车里，装出很轻松的样子，像是平日里一家人准备去海滨度假而做准备。

收拾妥当，一家人聚在汽车旁。我脸上堆出一丝微笑，说了一声走，就急急地率先钻进了车里。我不敢再逗留，我害怕家人流下眼泪动摇我的决心。

待全家人坐好，我按下车的启动按钮，发动机发出“嗡”的一声，我的心随之一颤，只要脚踩下油门，从此，我们将赶往一座陌生的城市、一个未来的家园……

我是在传统的北方农村家庭中长大，从小就耳濡目染，奉行一个信条，要好好挣钱，有了钱就可以过上无忧无虑的生活，有地位、不用干脏活累活。我知道我要找的东西，但我不知道它在哪里，它是不是就是我要的。正如在追求一个隐藏在未知云雾中的理想——犹如天文学家在追寻着一颗只有数学计算才能知道的星球。去北京闯荡，只是心灵的眼睛隐隐约约看到的景象，是否真实存在，我心里没有底。

有人说，一个人的脾性在孩提时代就暴露无遗，所以，纵是似水流年，一个人游走多远，容易被改变的是身体，难以泯灭的是本性。

或许，我天性就向往尝试，总想去看看外面的世界，看着看着就过成了今天的样子：高考改变了自己，从农村挤进城市。一句“你司考能行”的恭维话改变了自己，误打误撞，西装革履，混进写字楼当起了律师。总觉得自己的身架是“土坯”做的，掉到地上跌碎了有土地接着，所以人生没有太多顾虑，多一次冒险，就多一次人生的体验机会，总想去试试，也不怕去试试。

我在青岛执业十二年，比较了解当地的市场状况，也通过一些渠道了解了北京律师，给我的印象就是：收费高，高到一人创收可抵一家律所的创收。有几次跟北京的律师交流，了解到他们办理案件的标的额和收费额之高，让我心生羡慕。

在来北京前，几个好心朋友都问过我同一个问题，去北京发展，你对北京的市场做过调研吗？

我摇摇头，我不知道找谁去调研，正如非洲卖鞋的故事一样，不同的人会有不同的看法，不同的人会有不同的说法，我不可能根据他们的说法作出正确的判断。如此这般，调研又有何意义？

两个销售鞋的业务员千辛万苦来到非洲大陆推销鞋，当他们踏上非洲大陆的时候惊呆了，发现整个非洲黑人基本不穿鞋。当他们做完市场调研后回到公司两个业务员给出了截然不同的市场调研报告。乐观的业务员兴奋地说：“太好了，整个非洲大陆穿鞋的极其少有，只要我们引导穿鞋消费，将来鞋在非洲市场一定是大市场，每人只要穿一双我公司的鞋，那么公司将来的利润不可想象。”悲观的业务员在调研报告中却悲观地说：“我们无法在非洲销售鞋，因为非洲人都不穿鞋。”

如果我问前者，他肯定会建议我来北京发展，而后者肯定告诉我不要来。任何一个市场都会有成功者和失败者，我的目标就是要努力做成功者，不为别人的意见所左右。

青岛是山东经济发展的“龙头”城市，虽然人口及地域在全国的排名并不靠前，但是它的经济发展势头非常强劲，与之相伴的法律服务需求也相对旺盛。北京知名律所几乎都在青岛设立分所，足以窥视其市场的吸引力。

但我知道，青岛的市场相比于北京上海，不能同日而语。所以，来北京闯荡，其中一个原因是我确实感觉到了青岛法律服务市场发展的“瓶颈”，要想有更大的成就必须要走出去。

金矿之分别

北京的法律服务市场体量大，确实有它得天独厚的优势。

第一个决定因素是北京是中国权力的中心，是最高人民法院、最高人民检察院、公安部所在地以及其他重要审批机关所在地。这些都是天然的“吸金”特质。

比如，全国各地公司的上市审批需要到证监会办理，外商金融投资审批需要来银保监会办理，而这些审批机关都在北京。深圳上市公司多，但 IPO 的法律服务还要聘请北京律师，因为公司的上市审批机关在北京，北京律师有着得天独厚的优势。所以，深圳的经济指标虽然在全国是遥遥领先，但律师的收费只相当于北京的 1/4， 因为很多业务被北京律师“抢走”了。

再如，重大案件的二审或再审通常是由最高人民法院审理，案件相关事项自然需要到最高人民法院的所在地北京处理。通常来说，当事人会聘请北京律师代理诉讼，因为他们认为北京律师有天时、地利、人和的特殊“光环”。当然，随着各地巡回法庭的设立以及中级人民法院受案标的额的提升（受理标的额 50 亿元以下案件），很多案件被分流到地方，将可能惠及各地律师的业务承揽，北京律师会少“一杯羹”。

执业经验决定律师业务拓展能力。当事人通常会聘请有经验的律师代理自己的案子，由此，没有承办案件经验的律师就被忽略，难以参与此类业务的办理，而被选择代理案件的律师会慢慢占领此类案件的市场。

客户不聘请地方律所的律师承办这些案件，律师就没有实践机会，没有实践机会就不会有服务经验，没有服务经验，就不能承揽此类案件，这形成了恶性循环，但地方律所的律师却无力改变。

地方律所的局限性也让客户选择北京的律师。地方律所规模相对较小，律师之间的经验交流、业务合作也相对较少，在这种情况下，很难完成重大复杂案件的协作。所以，企业更愿意到北京、上海等大城市去寻找有经验、见多识广的律师。

另外，因为高铁和互联网的发展，地方律所的律师慢慢失去了就近上门迅速提供法律服务的优势，北京律师或上海律师长驱直入服务到门的能力增强，客户选择律师的范围增大，律师的竞争更加激烈。

第二个决定因素是总部经济。北京是很多公司总部所在地、国家级机构的所在地，统管全国各地的法律实务。例如，中石油总部在北京，在各省、直辖市设有分公司或子公司，其法律事务实行集中管理，即全集团公司的法律服务由中石油总部来统管。所以，北京律师看似是服务于北京的中石油公司，实际上是服务于中石油的全国公司。也就是说，北京律师利用总部统管的先天优势，实际上抢占了总部统管下全国其他公司的法律业务。

2019 年，北京律师总创收 273.73 亿元，而上海律师同期总创收 277.64 亿元。创收总额虽只有 4 亿元之差，但彰显了北京总部经济的

年轻的心灵
本不该静如止水波澜不惊
趁年轻，浪起来

强势力量。

当然，随着央企迁出北京核心区的政策颁布，如三峡集团、中国电子集团等央企将落户武汉、深圳等，预示着这些总部经济给北京律师带来的红利将有所减少。真可谓：天下没有免费的午餐，更没有永远的“坐享其成”。

因为自己所在的律所在深圳设有分所，也有同事动员我去深圳发展，所以我对深圳的法律市场也曾关注过。

2016 年到 2018 年，短短的三年的时间里，深圳律师的人数已经翻番，2018 年总创收已有大的飞跃提升，接近 70 亿元。但是，这个数字仅相当于北京和上海四分之一，从体量上看，差距巨大。

不过，随着深圳人才引进政策的实施，律师人数和总创收必将迅速增长，律师行业的“深圳速度”将再次亮眼。当然，与北京和上海相比，仍会长期存在巨大差距。

二三线城市法律服务市场情况对北京、上海也只能望其项背。比如说天津。天津的律师人数大约 7000 名，2018 年总创收 16.8 亿元，人均创收 26 万元。同样是 7000 名律师的南京，去年律师总创收为 28.64 亿元，人均创收 40 万元。也就是说，天津虽然是直辖市，但是总创收、律师人数与直辖市的经济总量极不相称，26.4 万元人均创收仅与三线城市的发展指标相当。

从某网络媒体统计的数据来看，有十座城市的法律服务市场是律师的“金矿”或者“银矿”，他们分别是北京、上海、深圳、杭州、苏州、广州、成都、东莞、长沙、青岛，前述城市的律师人数、总创收、人均收费等指标，名列全国前十。有些数据可能在统计上会有差异，但总体来说，上述十座城市作为法律服务的重量级城市，当之无愧。

从上述数据可以看出，除了天津情况特殊之外，北京、上海、深圳经济总量领先，律师收费也呈现同等强势。深圳有众多上市公司、知名公司，北京和上海更是如此，都属于全国总部经济的中心城市。相反，在一些经济欠发达的地区，律师想要高收费也不现实，没有市场的支撑，律师业务也不可能有大的起色。

市场决定律师业绩和收入，也决定着淘金律师的流向。我是从外地来北京“淘金”的芸芸众生中的普通一员。我相信，在这些蕴含法律服务金矿的大城市里，不论是清晨还是午夜，在写字楼里透出的灯光里，总伴有那些在为了梦想或生计而奔波的律师的身影。他们都是这座城市的法律“淘金人”。

心得

天下没有不吃苦的矿工，没有不浸染矿工汗水的矿石。曾有人把律师戏称为“法律民工”，从某种程度上反映出律师的艰辛和执着。律师都在认真地寻找着自己的市场，在每日相同的工作里，相互比拼耐力、切磋技能，努力把每件平凡的案件做得不平凡，并争取成为律师行业的佼佼者。

羞于谈钱

正义不是廉价争取来的，也不是轻易得到的，其中少不了律师的辛劳。

我在青岛刚做律师时，承接了一起买卖合同的案件，审理的法院在江苏。案件收费仅 8000 元，在所内办理立案时遇到了困难。按照律所当时的规定，诉讼案件收费最低不能低于 20000 元。

我恳请律所能特事特办，为我网开一面。因为本案的委托人是一家有名的外资企业，为他们代理案件，虽然挣不到太多钱，但毕竟可以获得代理的经验和业绩，而这对于律师执业刚刚起步的我来说，比 20000 元钱更重要。

最终，所里批准了我的案件立案。这家企业也成了我常年法律顾问单位。

8000 元律师费在资深律师眼中不算什么，但对于那时的我来说，却是迫切需要的一笔收费。哪位律师不是从零开始，从小到大发展起来的呢。

做律师，当然绕不过律师费的问题。这也是我很纠结的问题。律师不是“活雷锋”，正义不是廉价争取来的，律师费是律师用尽自己的智慧、勤奋、辛苦甚至是体力为客户争取利益赚取的劳动报酬，并不存在商业暴利。

与客户谈律师费，从商业角度讲，就是对立的双方谈交易价格，所以，双方的利益不同、视角不同，态度自然也就不一样。律师认为自己价值高，律师费无论多高都不算高，而客户的认识恰恰相反，自然希望能少给就少给。这种利益之争无可厚非。

有些客户把律师服务看成一份清闲活，总觉得律师不过是动动嘴、喝喝茶、谈谈事，没干多少活，还挣那么多钱，所以，在谈律师费时，客户总觉得律师收得高。如果案件办理得很顺利，客户就误认为案件不复杂，律师不用费多大事、费多大力，就不愿意去支付高额律师费。但是，这个世界上没有一劳永逸的工作。每件案件，都不是一个观点、一条规定、一次见面、一次开庭就可以彻底解决问题的，需要很多繁杂的工作才能完成，只不过客户不能理解其中不易而已。

曾经有位客户让我帮忙分析一起重大案件并出具报价方案。案件涉及标的额 11 亿元，主要案情是：客户预期的投资收益落空，其打算解除合同，追回投资。经过认真分析，我认为，要解除合同追回投资没有合同依据，很难会获得法院支持。我认真细致地出具了法律分析

客 户 与 律 师 在 很 多 方 面
是 利 益 的 共 同 体
但 律 师 费 例 外

报告交给客户。

客户看完以后很吃惊，打电话问我，付律师感觉这个案件没有胜算，为何还要出具分析报告呢？大多数律师会在分析报告中努力描绘胜诉的希望，而在你的报告里却看不到，你的报告里没有提出报价方案，是不是不想承接这起案件？

我回答：一来，感谢信任，让我帮忙分析案件，我自然不应辜负信任，无论能否承接案件，无论是否付费，当认真分析；二来，我想以书面形式向公司留书为证，检验一下我的分析是否应验。如果最终本案如我所言败诉，说明我的专业水平尚可信任，不是为承接案件而违心描述案件胜诉希望，人品尚可，以后可以继续合作。如果最终本案胜诉，说明我也不是值得贵公司信赖的律师，不可深交，不必合作。做律师谁不想承接大案件呢，但连我自己都认为本案没有胜诉希望，怎么能承接该案？我不会接受委托，自然也就没必要出具报价方案。

我当然知道，这样的分析报告不可能承接到这起案件，但我更愿意以这种方式赢得客户的信赖。

客户听完，深为感动，对我钦佩有加，连连道谢。

收费之计较

受人之托，忠人之事。无论律师费约定高低，一旦接手案件，律师就应竭尽全力完成客户交办的案件。只有秉承这项原则，律师才能对得起自己的客户。一位诚实敬业的律师收了客户的钱财，却未能为客户干好分内工作（如自己准备不充分导致案件败诉），就应该受到良心的谴责。

收得高额的律师费是每位律师的朴素愿望。时间就是金钱，这句话对律师来说，再恰当不过。美国律师与客户谈话时，会轻轻地启动计时器计费，因为律师的专业技能也是用时间和金钱换取的，得到较高的律师费也是应有的回报。

目前，通过招标的方式选聘律师成为常态。律师报价非常混乱，往往出现“超低价”的现象，也让人唏嘘不已。其实出现这种状况也不足为奇。因为律师之间存在不同发展阶段或各自不同的需求，报价自然会千差万别。

我本不善于谈价，给客户报律师费，总透着一丝怯意，甚至有时候，对方还没讨价还价，自己倒做好了“退一步”的降价准备。为几两碎银，也是纠结不已。我记得梁实秋有篇写“讲价”的文章，对律师的服务收费也有借鉴。

第一点，要把商品贬低得一文不值缺点百出，这时候店家的脸上也许要一块红一块白的不大好看，但是他的心里软了，价钱上自然有了商量的余地，顾客在委屈迁就的情形之下来买东西，店家在价钱上还能不让步吗？

第二点，要狠心还价。不管价钱多高，拦腰一砍。这需要一点胆量，要狠得下心，说得出口，要准备看一副嘴脸。人的脸是最容易变的，用不了加多少钱，那副愁云惨雾的苦脸立刻开霁，露出一缕春风。但这是最紧要的时候，这是耐心的比赛，谁性急谁失败，店家一文一文地减，顾客就一文一文地加。

第三点，要有反顾的勇气。交易实在不成，只好掉头而去，也许走不了好远，店家会请你回来，如果他不请你回来，顾客自己要有回来的勇气，不能负气，不能讲究“义不反顾，计不旋踵”。讲价到了

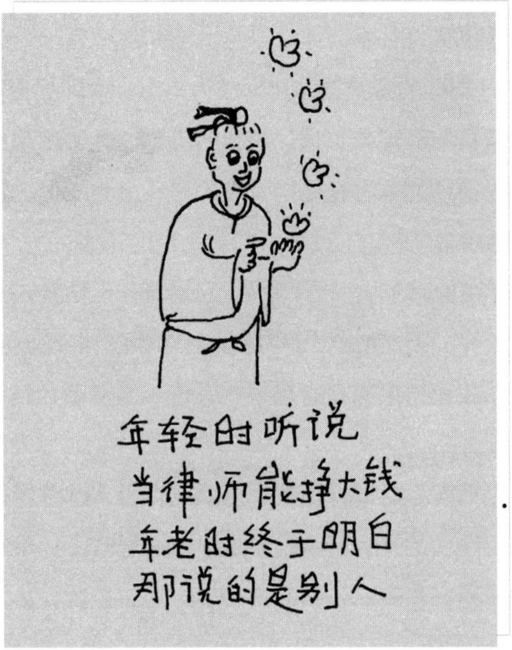

年轻时听说
当律师能挣大钱
年老时终于明白
那说的是别人

这个地步，也就山穷水尽了。

律师收费，客户付费，说得俗一点，也未尝不是讨价还价的交易。但是说实话，这一套讲价的秘诀，知易行难，对我而言做起来确实不易。我怕让客户觉得律师商人气息太浓，折煞专业人士的清高，我还怕伤面子，让人觉得律师没有法律的担当，只在钱眼里苟活。

我很羡慕19世纪英国的出庭律师，每人有一个小钱箱，不需要跟客户讨价还价，雇用初级律师跟客户谈价，并由初级律师小心翼翼地把律师费存进小钱箱。他们这样做的寓意是：法律服务是一门“有学问的职业”，而不是一门生意。

生意场上讲，言不二价，童叟无欺。但现实是童叟根本也不见得好欺侮，而且买卖大半是流动的，无所谓主顾，不讲价还是不过瘾，不七折八扣显得买卖不和气，交易一成买者就又会觉得上当。只要涉及要价和出价，讲价便成为交易的必经阶段，谁有本事谁讨便宜。这也是实情。于是乎，有些律师做的业务和别人无异，能赚得盆满钵满，而有些律师却只能保本赚吆喝。

俗话说，富贵险中求。但律师不要为了“挣大钱”而“火中取栗”、剑走偏锋，突破职业底线，把“舔舐刀尖上的蜂蜜”视作幸福。也就是说，律师不能仅以案件胜诉结果、收费数额来作为追求的终极目标，不顾一切地为胜诉铤而走险。

案件之选择

一个不可回避的现实是，胜诉结果是与律师费紧密关联、密不可分的。案件胜诉了，律师费高点儿，客户也不会去计较，甚至还会额外给律师奖励，毕竟案件胜诉后客户享受的利益最大，多给点儿也愿意。但案件败诉的情况就不一样了，客户除了要承担败诉的后果外，还要向律师支付律师费，他们心里就不开心甚至想讨回律师费，毕竟案件败诉后客户遭受的损失最大。

无论律师分析案件多透彻，客户还是要看最终判决结果是不是胜诉。律师的胜诉率是律师赢得声望的重要指标。在有些律师看来，只要胜诉，就能得到客户的信赖和自己的律师费，无论案件占不占理，都要想尽一切办法追求胜诉结果，风险往往抛在一边，一旦触及法律底线，悔之晚矣。

我个人的经验是：尽可能选择有把握、委托当事人“占理”的案件办理，不接受没有把握的案件委托，这样不但能收到较高的律师费，而且能树立“常胜将军”的品牌形象。当然，并不是所有案件都能选择，况且，诉讼双方总有“占理”的一方和“不占理”的一方，都需要律师去代理，都希望能胜诉。那代理“不占理”一方的律师怎么办？

当然要“没理找理”“没理争三分”，努力为客户争取利益最大化。这种情况下，如何把握好争取利益的方法，确实考验律师的职业操守，如果去想一些“特殊”的办法甚至非法办法去赢得胜诉赚取高额律师费，就是前面所讲的“火中取栗”、险中求富贵，危险之至。

每位律师都急切地渴望承揽到案件，而我坚持的原则是，如果没有把握，就不去接。我不愿接手烫手的山芋，因为我受不了被烫的滋味。当每次收到败诉判决的时候，我总会扪心自问，是我败诉了，还是当事人败诉了？如果是因为自己的疏忽，把本该赢的案子输掉了，我将深深自责，愧对当事人。除非法律和证据确实不利于当事人，竭尽全

客户只看到判决书上的结果
却看不到结果之前的艰难
完胜的判决无须解释

力依然还是败诉，我的良心才会稍稍得以宽慰。

我特别注意控制好客户对案件的期望值，对案件结果绝不要轻易地“打包票”。当然，我知道，有些律师苦苦等待案件，为了获得客户的信赖、接下案件或收取高额律师费会说一些“过分自信”“疑似承诺”的话，但要注意分寸，既要让客户感到自己对案件的自信，又不要误导客户，让他误认为案件胜诉没问题。

在判决生效之前，一切都是不确定的，我会给客户讲清楚：律师费是律师的劳动报酬，不是胜诉的保证金，所以案件胜诉不是律师的保证责任，只是律师努力争取的结果。律师有的时候要勇于说“不”，因为律师必须根据法律、经验和相应判例出具意见，不能随着客户的心愿出具意见，只有这样才能摆脱危险和无穷无尽的烦恼。

我努力让客户知道，为想出问题的解决方案，我付出了多少的辛劳，反复论证，只是通过几句话把结果说出来而已。但多数客户只是看到结果，而没看到过程。

商业活动讲究交易安全，律师办案更要讲究职业安全。要搞清楚客户的要求或期望，并把客户对案件的期望或者要求记录在接待笔录中（或通过邮件确认），以防客户在目标没有实现时责怪自己，让自己难堪。经过对案件的研究，如果发现案子没有胜诉的可能，那就应该告诉客户，千万不要让客户抱有太大的幻想，否则在收到败诉判决时候，客户会误解律师为赚取律师费而欺骗他。在这种情况下，即便收取了高额的律师费，也会感到内心不安。

不要为了赚取律师费而去欺骗客户，这是我的底线。案件虽有成败，但是其实每位律师都有内心初步的评判，不能觉得反正案子谁办也是办，输赢是兵家常事，别人办也不见得就会赢，自己收点钱试试就心安理得。这只能“骗”得一起案件，却必将失去一个客户，自己的事业长远不了。

心得

经济学上的价值，泛指客体对于主体表现出来的积极意义和有用性，通常能适当反映商品、服务或金钱等值的总额。就律师行业而言，律师的价值是为客户提供解决问题的有效服务，这种服务反映到金钱上就是律师费。反过来讲，律师不能为客户提供有价值的服务，就不应去承接案件并收取律师费。不能为一己私利，置客户之利于不顾。

与强者同行

只有在团队里，个体的力量才能传递得更远。

曾经有一个时期，我一个人忙碌着大大小小的案件，事必躬亲，使出浑身解数，却于事无补。当然，也不得不如此这般，因为我没有助理帮忙，也不隶属于某个团队，因此很少有人可以合作。

有位资深合伙人找我谈话，问我为何不与其他律师合作？

我也如实回答，收费不高，案件不多，不需要跟别人合作。

他又问我，什么时候需要跟别人合作呢？

我又说，等收费高了，案件多的时候。

他又问，这要等到什么时候呢？

我茫然不知，摇摇头，等待着他要告诉我的话。

他说，你看到猴子如何在森林里穿梭吗？如果它两只手紧抓着树杈，悬挂着躯体一动不动，不过多久就会体力不支跌落树下。只有从两只手中腾出一只手去抓住另一树杈，才能蹿到另一棵树上，摆脱困境。虽然两只手紧紧攥住树杈看似比一只手更有力量，但它失去了用另一只手去抓新树杈的机会，反而更危险。

一个人开拓案源自己独立完成，不与别人分享或合作，看似独享收益，自主高效，实际上，很难腾出时间或精力去寻求新的发展和提升，得不偿失。这和树上那只不松手的猴子是不是很相似？

我猛然受到启发，对呀，“全能全才”其实并不是最经济最高效的工作方法。毕竟人无完人，一个人的力量有限，正如那两只手紧紧抓住树杈的猴子，永远禁锢在那棵树上。若是个人单打独斗难以把全部事情都做尽做全做大，多人分工合作，就会各尽其职并提高效率，体现人多力量大的优势。

从此以后，我开始主动找其他律师合作，一同开拓客户、一同讨论案件、一同出庭代理。当然，也与同事们分享收益，同时收获智慧，不断抓住新机会、拓展新领域。在成为强者之前，向强者学习，与强者合作，除此之外，别无选择。

合作之裨益

随着市场的精细化、专业化要求，律师的合作应成为必然趋势。律师和普通百姓之间的区别就是对法律进行了投资并因此获得了特定资本，获得了法律知识和技能。

一位律师和另一位律师共同分享客户关系、职业声誉或者经验，并不会使律师所拥有的利益或者是资源消失，相反，一位律师的资本仅限本人所用，可能不会给自身带来额外的价值，如果同时与别人分享，就会产生更多额外的价值，即增值服务。

有些律师所拥有的资本远远超过他本人所能的范围，即常说有些律师的业务做不过来，他可以挑选业务做。而有些律师案源少，无所事事。当案源多的律师将自己剩余的资本与其他律师分享的时候，他其实就把这些资本出借或者是转让给别的律师来增加自己的收入，即通过“转借业务”获得收益。

在律师事务所的合作伙伴应当是执业水平大致相当的群体。律师为什么会赢得别人合作和尊重？就是因为他有可以交换的价值，包括业务能力、社会资源。合作也是讲究“门当户对”，资源多的人往往看不上缺乏资源的人，即便暂时建立合作，也往往因为观念、能力的差异而终止。

市场需要团队协作，而不是独行苦撑。两个人之间合作，结果往往是加法，而三个人以上的合作，结果往往是乘法，这就是团队合作的重要性。

我发现强者都有一种品质，就是保持好奇心且特别虚心，并敢于承认自己的不足。强者自带感染力，且能影响身边人。这些强者让我非常钦佩，他们之所以成功，除了不断学习外，还特别有悟性，而且谦虚谨慎，敢于承认自己的不足。更重要的是他们通常有独特的做事方式和立场，而不是人云亦云。

他们不会被别人固有的观点禁锢，他们之所以能有所突破，正因为他们不想“随大流”，他们会在理解了别人的思路和观点之后有所创新或者拓展。所以，很多疑难案件在他们手里能绝处逢生，对于那些在别人看来没有胜诉希望的案件，他们会独辟蹊径，取得意想不到的结果。

在工作中，我也遇到很多人，他们主观不努力，愿意在客观找原因，把没有成功的原因归于外界因素。他们总会自信地觉得，个人能力没有问题，只是命运不济而已。我恰恰觉得，这种认识就是最大问题。

当然，俗话说，一个和尚有水吃，两个和尚抬水吃，三个和尚没水吃。人多也会产生惰性，但是，三个和尚没水吃，是因为没有到关键时刻，如果等到要渴死的时候，相信他们也会团结起来去一起抬水喝。律师行业也是这个道理，真想把业务做大，市场需要找队友合作来承办，谁也没有理由选择懒惰。比如，项目收购、重大诉讼、海外投资、公司上市等业务，需要团队才能完成。除非传统民事纠纷案件可以由一两名律师代理完成，其他重大案件，包括新领域业务的开拓，要想取得良好效果，都需要团队律师的协作。因为个体律师都有认知的局限性，没有其他律师加入就容易出现疏漏，造成不利后果。

我认识的一名张姓资深律师，就是一名“独行侠”（独自做业务的律师），是诉讼能手，喜欢一个人独自“战斗”在诉讼场上，事必躬亲。一些“跑腿”的事务则交由一名行政秘书处理。

他在一次晚宴上曾经给我讲过他代理的一起案件由喜转悲的惨痛教训。

这起案件一审由其他律所律师代理败诉，转由他代理，几番努力，二审终于转败为胜，且为当事人争取了额外的收益。不用说，当事人对他赞赏有加，就差送锦旗表达感谢了。

更让当事人欣喜的是，在强制执行的过程中，对方作为被告提出

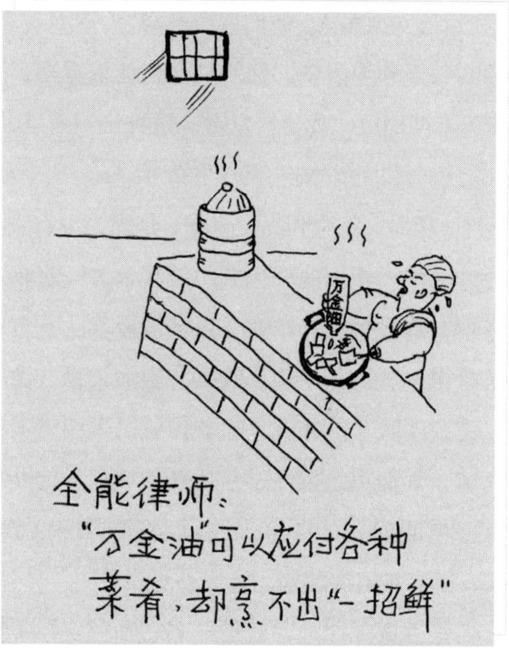

全能律师：
"万金油"可以应付各种菜肴，
却烹不出"一招鲜"

执行和解，唯一的条件就是能免除一半利息，但本金和另一半利息可在和解协议签订五日内一次性支付。当事人官司打了一年，由败转胜，眼看可以马上拿到钱，没有丝毫的犹豫，立马答应了对方的和解要求，在和解协议上签字确认。

四天后，对方依约履行了执行和解。至此，本案完美收官，且迅速回款。

但三个月后，对方却向省高级人民法院提起再审申请，最终法院决定再审。

经省高级人民法院再审，改判当事人向对方返还一百五十六万元。

这位律师遭到当事人的投诉，要求一百五十六万元由张律师自己承担，理由是张律师没有向法院提交双方的和解协议！

最高人民法院《关于适用〈中华人民共和国民事诉讼法〉的解释》（2020 年修正）第四百零二条规定：“再审申请审查期间，有下列情形之一的，裁定终结审查：……（三）当事人达成执行和解协议且已履行完毕的，但当事人在执行和解协议中声明不放弃申请再审权利的除外……”

张律师代理案件的执行和解协议中并没有声明不放弃申请再审的权利，他却没有向法院提交执行和解协议，因为他没有意识到这份证据可以终结再审审查程序！

为了息事宁人，也为了保全自己的名誉，他选择了为当事人垫付一百五十六万元返还款。

智者千虑，必有一失。他说，真没想到自己会“马失前蹄”，大意失荆州。倘若有人哪怕是一名刚刚考过司法考试的助理能提个醒，他绝不会犯这样的低级错误，但没有团队，没有业务助手，谁会给他提醒呢。

看着他的悔悟神态，我叹了一口气，这将是他一生的痛。律师必须保持战战兢兢、如履薄冰的敬畏心，否则稍有不慎，后悔晚矣。

只有学会借助团队他人的力量，才能收获“1+1 > 2”的效果。尺有所短，寸有所长。大家通过合作会发现自己的不足和别人的长处，凡事不能只靠单打独斗显示自己的强大而拒绝团队的合力，学会依靠别人的力量，这既是一种谦虚的姿态，也是一种智慧的做法。

有个小故事，讲一位妈妈带着孩子到杂货店去买东西，老板对着孩子说，小朋友，你可以在我们这儿拿走一把糖果。小孩问，叔叔你能不能帮我拿。叔叔就帮他拿了。回到家里，妈妈问他为什么让叔叔帮他拿，自己却不去拿？孩子回答，叔叔的手比他大，可以拿得更多呀。

这则小故事的启示，是要拿到更大的东西，一定要用最大的手，这双手不一定是自己的。在团队中及时地发现比自己更强大的人，让他来完成他所擅长的工作，这样的话，团队中成员各有所能，像孟尝君的门客一样，“鸡鸣狗盗”各显神通，在关键的时候发挥出各自的优势。

与强者同行，稳行致远。这不仅仅是宣传口号，更是现实需要。

心得

优秀的方案往往不是依赖于某个人的思想，而是综合了团队成员的智慧。把每个人负责的部分工作添加到整体服务方案中，才让其日臻完美。这就是律师对客户最负责任的交付成果。

整装待发

真正的自由不是随心所欲，而是自我主宰。自律即自由。

2018 年 8 月，我在首尔与近百名韩国知名律师参加了一场晚宴。

给我印象最深的是，炎热的夏天，来参会的每位男律师都西装革履，而自己却穿着蓝色的 T 恤。

我好奇地问身边的翻译：“这么热的天，又是周末的晚宴，穿西服不热吗？”

他告诉我：“当然热，我们也是人呀，没办法，热也要忍着。”

我笑着问：“去相亲该不用穿西服吧？”

他回答说："通常也要穿，穿西服显得成熟庄重。日韩文化里，男人穿西服是不管天气多少度的。"

"在日韩穿着西装被认为是融入社会的象征，是我们商务礼仪的标配，同时也是工作态度、待人礼貌以及社会地位的体现。炎炎夏日中流下的汗水相比于此都不算是事儿。"

我听他说完，看了看自己身上的T恤，自惭形秽，倍感浑身不自在。

看着当晚到场律师，无论是递名片、握手、鞠躬，个个都让人觉得是谦谦君子，我更不好意思待下去，只想早点离开。

是呀，多数职场礼仪都需要自律和忍耐，哪怕是鞠躬致敬也要让自己弯下腰，迎送客人要起身。所有的克制，别人都看得见。在一个讲礼仪的国度里，如果不这样做，就被别人认为不讲礼仪、不懂礼貌。

律师行业是高端服务业，少不了与各色人等打交道，交往中的商业礼仪非常重要。在商业礼仪中，最重要的是尊重和礼貌。很多大律师在法律服务的过程中修炼了和气生财、和蔼可亲、彬彬有礼的职业形象。仔细观察身边那些大咖律师的样子，就会明白气场从来不是从天而降，而是后天修炼得来的。

冯友兰对人生克制做出过解读。不同人有不同的人生境界，每个人对人生境界的体悟不尽相同，而懂取舍、知克制无疑是做人的最高境界。

哲学家康德说："真正的自由不是随心所欲，而是自我主宰。自律即自由。"山本耀司也说："我从来不相信什么懒洋洋的自由，我向往的自由是通过勤奋和努力实现更广阔的人生。那样的自由才是珍贵的，有价值的。"无论选择自律或放纵，日积月累，都会带来很大的变化。

记得有一次我与刘律师开完庭，去一家小饭馆吃饭。

他问我吃什么，我顺口说："随便。"

他眉头一皱："随便？！没有这个菜，你已经养成了放弃自己选择、分析、判断的兴趣，甚至都不想表达自己愿望了，这种习惯可是诉讼律师的人忌。"

"诉讼律师就是不能随便，随便就是不计较、不细究，其实就是不在乎、懈怠，很多普通案件，因为不随便就胜了，因为随便就败了。"

"我的天，不就是吃饭吗，哪有这么多讲究？"我很是委屈。

"你听说过职业习惯吗？当职业需要的技能或思维方式形成自然而然的习惯时，当'不随便'成为一种理念和意识时，工作就会事半功倍，明白吗？"刘律师微笑着看着我。

我点了点头。

做律师的这些年，我发现自己也改掉了很多以前满不在乎的坏习惯，如今重新审视自己，觉得人应该学会在乎，虽然人不能用文明和野蛮来划分，但是不起眼的行为有时候会给别人带来反感，举手之劳有可能赢得尊重。

等电梯的时候是排队等候不"加塞"；进电梯之后主动为别人按楼层按钮；上公交车的时候是不抢座；与别人同乘大巴的时候把最便利的位置留给别人，表现出谦让的姿态；在公共场合打电话不语惊四座；别人不小心丢落在地上物件随手帮别人捡起来。这些看似与自己并不相干的事情，可能不会直接带来案源，但是把它们植入我的骨子里，成为一种习惯，至少有助于我赢得别人的好感。

尊重是人与人交往的基本礼仪，更是律师执业的起码素质。即便在法庭上，原被告律师唇枪舌剑、针锋相对，但是也只能是有事说事、有理说理，而不是搞人身攻击。俗话讲：有理不在声高。义正词严主要是表现在言之有据，而不在于声嘶力竭，甚至恶语相伤。

曾经有一位社会学家说："当我们遇到一个显得神秘而难以靠近的陌生人时，在没有任何其他办法的情况下，我们总是倾向于通过衣着和仪表作为判断他身份的可靠标志。"而律师行业是传统的理性行业，除了突出专业能力之外，更应有庄重的职场形象。律师在和当事人交流互动时，需要传递专业、稳重、成熟，又不失亲和力的职业形象，因此律师的穿搭远比我们想象得更重要。

有一次在山东某市中级人民法院庭审结束，主审法官微笑着跟我说过的一句话，至今令我印象至深。他说，你让我看到原告律师，能那么认真地倾听被告律师的发言。

我为之一怔，回过神来想，主审法官可能在表扬我在庭审时的态度吧。

这本是一起非常普通的民间借贷案件，却遇到被告律师在法庭上强词夺理，口若悬河。他先是讲借贷违法，原告本来就不应该借款给被告，引发后果应该自行承担，一会儿又讲原告属于不劳而获，坐收渔利，违背勤劳有为的社会公德。

我一边听，一边记，强压着心中的怒火。这不是胡搅蛮缠吗？但我还是不露声色，据理力争，有理有据地平铺直述，并未受对方言辞所动，锱铢必较。

公道自在人心。被告律师还没讲完，主审法官实在是听不下去，多次提醒被告律师遵照法律规定阐述观点。

我想，或许这位被告律师是为了获得坐在身旁当事人的赞许，发表了"言不由衷"的观点，或许为了表现自己"无理争三分"已竭尽

可 以 不 同 意 别 人 的 话
但 要 尊 重 别 人 说 话 的 权 利

有些误解
承认比辩解更简单，
因为客户要的是律师态度
而不是真相

全力。

但是，无论如何，对于我，不打断对方，倾听对方，是对他发言权利的尊重，也是对法庭秩序的尊重。同样，也赢得别人的尊重。

确实，身为一名法律人，用心经营的不单单是自己的事业，自身的礼仪和形象更是我们一生的战略。除了注重外在装扮，更重要的还是保持良好的生活习惯，内外兼顾，才能使我们的气质卓尔不凡。

在中央戏剧学院人文教育的讲台上，老师在上第一节课时，告诉学生：“你们就是明星！你们要从骨子里相信自己是独一无二的。”然而，到了第二节课，他又开始教训学生：“你们什么都不是，不要以为自己就是明星！”这位老师通过这种反差的方式告诫学生：前者是高贵、光艳、独特，后者是平凡、朴素、谦和。真正具备明星气质的人，即使在专业的技术上已达大师级水准，他们也会保持谦卑的心。

人世间任何伟大都不是横空出世的，这世上从来没有什么一鸣惊人，所有出类拔萃都不过是日积月累、精心准备后的必然结果。现实生活中，我们日积月累地努力后，常常没得到结果，最初的动力就已经消耗殆尽，很多时候，我们等不到由量变到质变的那一天，就选择了放弃。过早放弃，是所有失败的根源。缺乏坚毅和自律，是过早放弃的根源。坚毅，是非常重要的个人品格。

心得

有种礼仪叫自我克制。别相信有什么懒洋洋的自由，我们向往的自由应该是通过勤奋和努力实现更广阔的人生。那样的自由才是珍贵的，有价值的。

第三编

技能

精进不怠

技

精进不怠

能

照葫芦画瓢

前人的脚印清晰可见，后来者不应无视。

北京金融街某央企办公楼第十六层。

我初次拜访公司法务部负责人满总，就稍微提前一点时间来到公司。

前台工作人员将我领进会议室，房间两侧摆满米黄色布艺沙发和实木茶几，地面铺着浅灰色地毯，铺了蓝色素花墙纸的墙壁两侧各贴着“建百年工程”“筑行业典范”的几个镏金大字，雪白的天花板上并列着几盏晶莹透明的水晶灯。

不一会儿，满总推门进来，我起身握手，交换名片。

他与我分坐两旁，缓缓地呷一口茶后，用带着河南口音的普通话对我说："听说付律师经常发表文章，著书立说，还出版了几本畅销书，有文采呀。"

"不敢当，只是业余爱好，喜欢写写画画娱乐而已，说不上文采。"我回应道。

"我虽是公司的总法律顾问，但是大学读的专业是历史不是法律，做了十几年的办公室秘书，工作也多是写稿子。"

"办公室秘书，给领导写稿子那可不简单呀。深刻领会领导意图，准确传达领导意见，不是一般人能干的。律师给客户写稿子，可没这水平。"

"也是，我对法律文书虽不擅长，但对律师的法律文书优劣却能分出三六九等。看了有些律师写的文书，真是不敢恭维，甚至应该说是惨不忍睹，都弄啥来？要不是因为公司对律师费用的预算有限，我才不会聘用写作都搞不好的律师做业务……"

"一看您就是专家，您对法律文书有何要求？"

"法律文书，也是文书，只不过是传达法律信息而已。中国人讲有章可循，法律文书的写作也应如此。我觉得毛主席有篇文章写得好，也值得律师读——《反对党八股》。"

回到办公室后，我又重新温习了《反对党八股》，果不其然，文中要反对的问题，在律师的文书里也能找得到。

文书之现状

做律师，自然要不停地写法律文书，写起诉状还好说，有着基本格式参照，说清楚事实和理由即可，相当于作文中的记叙文，相对来说比较容易。但更多的法律文书属于议论文，提出观点做出论述，重要的是要把自己的观点传递到读者处（法官、客户等），以达到说服的目的。

我的执业生涯基本是野蛮成长起来的，没有系统学习过法律文书的写作技能课程，只是依靠以前学校语文课里学的作文知识的基础，结合掌握的法律知识，摸索着写作法律文书，一开始时的写作水平可想而知，甚至被合伙人作为反面教材批评。

自己写的法律文书基本没人教过，也没有被批评指正过，全靠自我摸索；加之没有途径阅读其他律师同行的法律文书，所以感觉不出自己的不足和别人的优秀。

俗话说：同行是冤家，文人相轻。个人觉得，不排除这种迂腐思想在作怪。法律文书似乎成了律师自己的“后花园”，外人不宜参观，很多人捂着自己的法律文书当“宝贝”，除了给客户提供外，轻易不给同事或同行看。

刚做律师的那几年，我多么渴望能参加律师同行之间优秀法律文书的交流，来提升自己的写作技能。后来，我只好通过借阅所内优秀律师的案卷，去查看他们的法律文书，暗暗地向他们学习。前几年，我和一位资深律师合办一起案件，我从没有主动要求去看对方写的法律文书，毕竟合作律师也是执业二十多年的律师，我认为其办案经验也不应在自己之下。

有一天，我的助理给了我一份草稿文件，背面是某律师写的答辩状（单面纸再利用）。我看后甚是诧异，这位律师的法律文书，不正是那位金融街某央企总部法律顾问所不屑的法律文书的样子吗？看着

一 个 错 别 字
可 能 不 会 影 响
法 律 文 书 的 主 旨 表 达
但 可 能 改 变 客 户 对 律 师
认 真 态 度 的 看 法

眼前密密麻麻的文字，林林总总的条目，错别字、病句、逻辑错误比比皆是，我不敢想这样的文书交给法官会起到什么效果。

写作之模仿

通常来说，案件的关键问题是法律关系梳理，但毕竟学得最熟的就是法律关系和条文，所以，法律关系分析反倒不是难事。但要通过法律文书把法律问题说透并用文字表达出来，对于刚出道的律师来说，是非常烧脑的事。

在印象中，有一次主管合伙人刘律师要求我就某起房屋租赁案件写一份法律意见书，时间限定在两个小时，客户要以此向集团公司汇报使用。

我急忙在电脑上忙活起来，用了一个小时的时间洋洋洒洒写了两页纸，交给刘律师审核。

刘律师用眼睛扫了两眼说，这写的是什么，冗长啰唆偏离重点，要求我马上去修改。

我脑子嗡的一下，哪个部分重点不突出，怎么改？我站在原地没动。

刘律师有点生气地说，怎么还在磨蹭，客户催得急，还在傻等。

我赶紧解释，刘律师，我不知道该怎么改呀？您能不能说得再详细一点，到底哪个地方啰唆和重点不突出？

刘律师脸色更加难看，什么都我给你指出来，有这工夫我自己早写完了，还用你写？！照葫芦画瓢也不会，天天看法院判决书，就没悟出点门道？

顾不上再争辩了，我回到电脑前开始修改文件。法院的法官可以根据《人民法院民事裁判文书制作规范》《民事诉讼文书样式》等固有的模板填充内容，而且有大量的判决书可以参考，而律师文书并没有写作指引。

时间飞逝，两个小时马上到了，如同考试到了交卷的时刻，我如热锅上的蚂蚁，不知所措，额头直冒汗。

我将法律意见交给刘律师，他皱了皱眉头，这样能交给客户吗？事已至此，还是我来改吧。你发给我，我来改一下发给客户，一会儿也发给你看一看。

不一会儿，我收到刘律师修改的法律文书，经过他的修改，读起来确实顺畅多了。

从那时起，我开始收集刘律师写过的法律文书，比照着慢慢学习写作。那时的我像是一个依靠拐杖才能走路的人，慢慢试着脱手，踉踉跄跄，学着站起来，再慢慢学一些技巧，学着扔掉拐杖迈着打晃的步子跑起来。

法律文书写作是一门专门的学科，是写作、法律、逻辑的综合学科，所以仅仅想通过几节课的分享就收到立竿见影的效果，根本不现实，需要长期艰苦训练才行。

我听说法律圈有一门流行的课程叫庭审证据的可视化，可视化的核心是什么？就是审判的便利化。让谁便利？当然是法官。什么是便利化？就是律师提交给法官的材料，让他看起来省心，用起来方便。比如数据对比表格、法律依据、证据清单、质证意见等，方便阅读查阅。

另外，法律文书除了要体现法律特色外，还应多学学政府公文的精华。无论是党机关还是行政机关，对文书写作都有详尽的规定，如《党政机关公文处理工作条例》等，这些规定上仿下效，自成体系，而律师的职业教育中却没有这些“老皇历”，这就需要律师去汲取精华并形成律师特有的法律文书写作风格。

法律文书的文字也不是冷冰冰的，严谨不失文采才是最美的。关于这一点，我经常学习最高人民法院的判决书，或者像我们学生时代那样多背诵范文或佳句，多模仿优秀法律文书的范文，自己的写作水平会在不知不觉中得到提高。俗话说，熟读《唐诗三百首》，不会作诗也会吟，法律文书的写作也不例外，要从模仿开始。

只有掌握写作技巧，知道句子怎么写、标点怎么用，才可能写出好的文章。关于句法要素，如主谓宾、定状补、省略句等，我都懂一些，但在写法律文书时却不一定能够运用自如，特别是在合同起草过程中，为了用词严谨，会大量使用限定词或句，但有时候为了简练又要使用省略句，如果拿捏不好，就容易产生歧义。

因此，除了要去仔细研究语文知识外，我会借鉴法律法规条文的写法，特别是经典法条的写法。

“框架”之法

框架法写作，并非专业意义上的典型写法，仅是我本人根据自己的摸索而命名的写作方式。通俗地讲，主要是关于法律文书结构搭建、层次分设、表述方式的解决办法。

所谓的“框架法”写作，虽然是我总结的一种写作“方法”，并不是“放之四海而皆准”的理论，以此也不一定能写出完美的法律文书，但这些年成了我写作的套路。

一份好的法律文书有三个最起码的要求：主旨明确、脉络清晰、语言通顺。

先说主旨明确问题。我觉得，写法律文书，让人读不懂，或者读完不能知道作者要表达的意思，主要原因是在写之前没有想好该怎么写。正如案件研讨，律师没有形成自己的看法，就不要指望他能谈得头头是道。归根结底，无论是说还是写，都是基于律师对某事项清晰的认识。法律文书写作或口头表达的基本目的是信息传递，如果律师没有思考好要传递的信息，写出来的法律文书也必然没有感染力。

当然，法律文书的灵魂在于写作者的思想，没有相当的基础，即便生搬硬套了“框架”，法律文书也不可能出彩。

对律师而言，面对任何法律事务，第一步要解决的就是把法律关系拎清楚，拎不清楚就确定不了法律责任。就法律文书的写作而言，法律文书主旨就是法律责任问题，法律关系梳理不清楚，就没有切中法律文书的要害，法律文书自然就写不好，进言之，即便拎清楚了，也不一定写得好，因为还需要作者的写作能力。只有先把事情的来龙去脉搞清楚，把法律关系分析透彻，才可能落笔如有神。

如何能把主旨表达清楚是个大课题，绝不是一蹴而就的。先把有些问题的实质提出来，把功夫用在哪些地方、重点是什么、先去做什么、后去做什么。比如，常见的起诉状结构：当事人地位、诉讼请求和事实理由、落款，这些部分都要有，缺一不可，从先后顺序、结构组成上都有其章法，而这种章法成了大家的共识，照此结构写，读者看着顺眼，符合大家的阅读习惯。

再说脉络清晰，就是指文书布局合理，符合阅读习惯。在此建议，巧用主标题句，使文章布局清晰可见。便于读者阅读或选择自己需要读的内容。

可先按论述逻辑写一份提纲，再根据提纲确定主题句，再围绕该主题句写段落，这样就不会出现论述“飘忽不定”的情况。当然，论述“飘忽不定”实际上是逻辑混乱所致，说到底还是法律分析的功底不够扎实。冰冻三尺非一日之寒，文书脉络清晰，确实需要一个长期的执业训练和学习过程，慢慢提高。

最后是语言通顺，就是要正确使用句法结构以及关联词，要尽可能利用准确、生动、简洁的语言，生造词语、词类误用、词义混乱等用词不当、词不达意的情况要注意避免，坚决消灭错别字和不规范的简化字、自造词，要多用法言法语。避免使用结构残缺、结构混乱、搭配不当等不合语法的病句，巧用连词，力求上下贯通，语气一致，通顺流畅。

心得

法律文书写作，有固有的章法，但核心还是要传递法律相关思想或知识。写作的技巧，不过是通过一定的逻辑、方式让别人能够准确、快速地获取这种思想或知识。这种技巧的获得，就需要通过不断的模仿、对比、思考、练习去实现。

弯道超车

有些东西，从看到至得到，还有遥远的路要走。

2018 年 5 月，客户张总急匆匆地给我打电话，希望我尽快来公司，有重大事务磋商。

江湖救急，客户需要就是工作命令。我立即结束海外休假，赶往客户公司。

乙公司拖欠客户近 8000 万元的货款未付，突然深陷 500 多亿元债务危机，下一步该怎么办?

情况紧急，不容耽搁。客户赶紧派人去法院了解是否有其他公司抢先起诉乙公司，另外，尽快汇集乙公司的资产信息，以便采取诉讼保全措施。

但我们的行动还是晚了半步，已有A公司起诉乙公司，并诉讼保全冻结了乙公司对丙公司的到期应收账款8200万元。

我们只能希望乙公司还有其他可供查封的财产，但一番调查之后，结果发现乙公司的厂房是租赁的，设备也不值几个钱。

大家傻眼了，怎么办？步A公司的后尘，轮后查封乙公司对丙公司的到期应收账款8200万元，但如果应收账款仅有这么多，轮后查封还有何意义？

气氛一下子凝重起来，张总一脸的失落，一屋子没人出声。

“付律师，你还是想想办法吧？我们跟着别人后边去诉讼保全，那不是白忙活吗？”

“张总，诉讼保全本身就是碰运气的事，先人一步占主动，后人一步会吃亏，这也是没有办法的事呀。”我嘴上这么说，但大脑还在不停歇地寻摸破解的方法。

我站起身来，在房间里来回慢慢踱着步，如果不突破前人的想法，官司胜诉也拿不回钱。

有什么方法可以直接触及丙公司的到期债权呢？突然灵光一闪，“有了。”

大家一怔，头转向了我。

“对，就用代位权诉讼。直接越过乙公司起诉丙公司！让丙公司直接将钱付给我们！”

“这个方法能行吗？我们跟丙公司没有合同呀。”张总半信半疑地说。

“这是合同法规定的一种特殊救济方式，虽然实务中用这种方法很少成功的，但现在我们也只能铤而走险了。丙公司对 A 公司申请的到期应收账款保全没有提出异议，说明确实存在到期应收账款，由此符合代位诉讼的条件。A 公司的财产保全措施仅是‘止付’，是禁止丙公司向乙公司付款，而不是要求丙公司向 A 公司付款。所以，只要我们的官司能抢在 A 公司前取得胜诉判决，我们就有可能把钱拿回来。因为我们是在丙公司所在地法院提起诉讼，所以就不会与 A 公司在同一法院相遇，只要我们不声张，他们就不会知道我们的计划，这样就可能神不知鬼不觉地达到我们的目的。”我的唾沫星子开始乱飞。“但是有一点至关重要，我们必须保密，一旦走漏风声，其他公司也照此操办，谁先拿到钱就不一定了。”

事不宜迟，马上行动。我们立即提起代位权诉讼。

皇天不负有心人。同年 9 月 4 日，客户收到代位权诉讼的一审判决，判令丙公司向客户支付 8000 万元。丙公司不服上诉至省高级人民法院。同年 11 月 8 日，二审维持原判。次年 1 月 7 日，丙公司依照判决书向客户公司支付 8000 万元。

此时，A 公司因为债务人提起的管辖权异议，一审尚未开庭审理。我们抢先 A 公司拿到 8000 万元，而 A 公司尚蒙在鼓里，还以为自己对丙公司应收账款的财产保全固若金汤，却不知道已经被人暗中“截杀”。

不用说，客户对我的感激之情，如黄河之水滔滔……（此处省略若干字）。

案件大获全胜，客户除支付合同约定的律师费外，还给予我们团队额外的物质奖励。作为律师，我们自然喜出望外，除了获得丰厚的律师费用外，客户也赢得“意外之财”，原本不能执行回款的案件，破天荒地获得回款。

疑难案件是大律师的试金石，

一把金刚钻足矣。

待客户收到执行款后没几天，我接到了A公司代理律师的电话，埋怨我不讲究先来后到，在明知他的客户已经申请法院财产保全那笔应收账款的情况下，只顾自己的私利，钻法律的空子，损害他客户的利益，太不厚道。

听得出，他对我们这种做法异常愤怒，眼看着要到手的回款，却被我们“偷走”，满心的期盼化为泡影。

这突如其来的责备，令沉浸在胜诉喜悦中的我心紧缩成一团，他的“失败”与我有极大的关系，我成了他案件的一个破坏因素。我静静地听着，不想争辩，都是律师，我理解他激动的心情，但我们在使用“暗度陈仓”的计谋时，其他利益相关方又何尝不再考虑用同样的计谋去争夺我们的利益？只不过，这次我们成功了而已。在利益产生纷争时，哪有各方都赢的万全之策呢。

在从事律师后，我做的很多事，常常面临天性意识与职业道德的冲突，让自己纠结不已。

每个人在孩提时代就具备善良天性，会同情弱者，悲悯受难者，见哭者不忍，逢屈者不平，不损人利己，愿助人为乐。我同样是这样的人，成为职业律师后，随着时间迁移，在法律规范的指引下学会依法争夺的技能。为了案件胜诉，为了赢得客户，奋力争利，学会了铁石心肠，以前于心不忍的事，现在做起来，好像已经习以为常，感觉童真渐远，难以重返初心。

做代理律师，时常会遇到一些与不同的利益相关人发生冲突的案件，我们只能想尽一切办法保护客户合法利益，而无法顾及其他利益相关人。现实是如此残酷，一些人的狂欢，可能是另一些人的噩梦，甚至前者是踩踏在后者的肩膀上夺取利益，但此事古难全。

在前述案件中，我们之所以选择代位权诉讼，当然知道按照A公司律师的诉讼方法只会让我们的客户空手而归，所以才采取新的方法。虽然A公司和我们客户都是债权人，都有向债务人追偿的权利，在有他无我的利益博弈中，总有一方不能如愿以偿。保住客户的利益是律师的本分，只要是合法的，就把对方的责备当成人之常情，摇摇头随之而去吧。

我曾经跟某位做刑事辩护的大牌律师交流，他也深有同感。他告诉我，虽然当事人不是律师的主人，但一旦做了辩护人，必须仅能为他服务。

他曾在一起团伙犯罪案件中担任辩护人。他说："在为其中两名年轻嫌犯做辩护人时，我需要戴上赛马的眼罩，以确保直视前方而不被周遭左右。我不可能兼顾到其他嫌犯的刑期和责任。很多团伙犯罪案件中，减轻一名嫌犯的罪行，可能增加其他嫌犯的罪行，这对于我来说是很痛苦的，但我别无选择。这两个年轻人的命运就在我的手中，而且只有我能拯救他们。为其他嫌犯辩护的还有很多人，但是为这两名年轻人辩护的只有我一个，我只能考虑如何减轻他们的刑责。"

最终，因检察院提出抗诉，他代理的两名嫌犯减轻了刑罚，而其他几名一审判决从轻处罚的嫌犯，二审判决得以重判。

心得

诉讼的本质是利益之争。律师代理诉讼，从接受委托的那一刻起，就已经加入了利益的"争夺战"。这无关乎道德，是职业属性使然。律师只能以当事人的合法权益为至高目标，殚精竭虑，英勇善战，义无反顾。

打开案件的钥匙

学习的最大收获，是让自己知道应该学什么。

有一次坐高铁，邻座是一位医药大学刚毕业的大学生。他给我讲了学习中医的经历，我心有戚戚焉。

在他没有学中医的时候，就听说老中医说，学中医一定要背《药性赋》和《汤头歌》之类。但在中医大学上课的时候，几乎所有的老师都没有强调背诵的重要性。读书的目的是应付考试，没有人重视中医基本书籍的背诵和理解，同学们总是想先把考试解决了，拿到学分再说，其他的东西待到临床的时候慢慢补充。

就这样本科五年下来，学的东西随学随忘，虽然考试都通过了，到最后脑子似乎没留下什么东西，真到临床的时候才发现“书到用时方恨少”，这个时候再去背诵，虽是“亡羊补牢”为时不晚，但很难有好的效果，因为最佳时机已经错过了，饭做夹生了，再回锅怎么也不容易熟。

不掌握中医基本知识，也没读《黄帝内经》《伤寒论》《金匮要略》等经典，知识都是碎片化的，毕业分配到一家医院，感觉不会治病，不敢开药方，总担心开错药害了病人。

听了他的话，我深有同感。我刚考过法考时，像刚拿到驾驶证，见了汽车就跃跃欲试，但是真要去承办案件或跟客户谈案件，总觉得心里没底，有点像这位刚毕业大学生的经历。

确实，法考仅是一种应试手段，并不意味着掌握多深厚的法律知识。特别对非法本的这些人，很多人是通过短时间地集中“刷题”方式通过了考试，由此获得的法律知识理解了多少更不得而知。

取得法律职业资格，仅仅是一个律师入门的门票，并不意味着已经全面掌握了法学的基础理论。读书学习应该成为每位律师工作和生活中不可或缺的一部分。

学习之辛劳

律师主要的工作是法律专业服务，想以专业立身就要坚持不懈地学习。不仅仅是把法律条文的理解告诉当事人，而且在每个环节都要与对方的律师对抗，只有掌握了超越对方律师的技能才会有更多胜算，而要超越就要不懈地学习。

比如，在诉讼中，有原告的律师，必然就有被告的律师，而且双

学 习 的 结 果 是
让 自 己 知 道 了
该 学 什 么

方要在法庭上直接对抗。一方经常会因为某一细节没有考虑周全或者没有打开思路而被对方律师击败，在这种情况下，只有不懈怠地保持终身学习，才不会屈居人后。

做了律师之后，我一直不停地研读最高人民法院的判例，不断地研究法律的新学说，不厌其烦地钻研法条，坚持不懈地交流学习，只有这样，才能够以精湛的法律专长立足律师业内。

俗话说，画龙画虎难画骨。同样是律师，同读中国的法律，为什么有些律师能从法律中读出“不一样”的意思，因为他们掌握的不仅仅是字面的功夫而是内在的逻辑。所以，如果不喜欢学习或者看到法律条文就头疼，真的干不了这个行当。律师的技能远不止掌握法律知识，何况法考通过并不意味着法律知识的全面掌握。在法律实践中，大量的工作不是如何记住“僵硬”的法条而是如何让法条“鲜活”起来。为什么大律师收费那么高且有名气？是因为同样的案件在他们手里能够“起死回生”，而放在有些律师手里就只能“寿终正寝”。

我在 2018 年接手了一起涉及认定债权债务转让合同效力的仲裁案件（注：当时《民法典》尚未实施），让我感觉到前所未有的艰难，将近三个月的等待、听证、沟通，精疲力尽，其间都有点绝望了，想过放弃，但最终还是坚持到最后。现在想来，亏得有那么一股较真劲，努力到无能为力，才有了最终的胜诉结果。

大致情况是：A 公司与 B 公司签订的案涉合同第 16.8 条特别约定：“未经一方当事人同意，不得将合同的权利和义务转让给第三人。”但 A 公司将对 B 公司的债权转让给了第三人 C 公司，并通知了 B 公司。后 C 公司提起仲裁，请求确认债权转让有效并由 B 公司履行债务近 2 亿元，而 B 公司以债权转让未经其同意为由抗辩。

C 公司咨询了众多律师，大家的结论近乎一致：权利和义务转让需要经过 B 公司的同意，意思应分解为：权利转让、义务转让、权利和义务的转让，统统要征得 B 公司的同意。未经 B 公司的同意，债权转让无效。

C 公司眼睁睁地看着自己辛苦取得的债权转让合同因为 A 公司与 B 公司之间合同第 16.8 条的约定而归于无效，讨债的梦想化为泡影，黯然神伤，他们抱着试试看的想法找到我。

问题来了：第 16.8 条的约定是否意味着 A 公司与 B 公司之间的债权的转让、债务的转让、债权债务的概括转让全都要经过 B 公司的同意才有效？该条“权利和义务转让”与《合同法》（注：当时实施的有效法律）第八十八条“合同中的权利和义务一并转让”有“一并”两字之差，意思是否大相径庭？

我认真倾听了团队成员的意见，大家的意见高度统一：债权转让必须经过合同另一方的同意才行。这使我陷入深思，合同第 16.8 条与《合同法》第八十八条文字的差异，是合同签订时的有意安排还是因为疏忽而遗漏了“一并”两字？

如果不能将此厘清，估计也难以说服仲裁员支持自己的仲裁主张。当然，这也是双方博弈的关键点，不是西风压倒东风，就是东风压倒西风，是比试哪方更有理的时候了。

我提出了一个非同寻常的观点：第 16.8 条就是《合同法》第八十八条的援引，仅是权利义务概况转让的约定，并非对债权转让的另外约定。

我让助理尽快检索《合同法》第八十八条的解释和理解的相关资料。因为《合同法》是 1999 年 10 月 1 日实施，当时网络尚不够发达，关于第八十八条的网络文章也比较少，所以，我要求助理律师查询纸质资料，购买二手书或必要时到图书馆查找相关书籍，目的只有一个，要找到权威解释。

最后助理找到了全国人大常委会法制工作委员会副主任胡康生主编的《中华人民共和国合同法释义》（1999 年版）以及最高人民法院副院长李国光主编的《中国合同法条文释解》（1999 年版），两书针对《合同法》第八十八条进行了详解。两书均认可合同的转让只有三种情形：一是合同债权的转让；二是合同债务的转让；三是合同债权债务的一并转让。不存在第四种情形，即能够涵盖前面三种情况的情形。我们复印了该书中观点，一并提交了仲裁庭。具体阐述如下：

首先，《合同法》第七十九条规定："债权人可以将合同的权利全部或者部分转让给第三人，但有下列情形之一的除外：……（二）按照当事人约定不得转让……" 如将该条款省略的句子成分补全，应该是："债权人可以将合同的权利全部或者部分转让给第三人，但当事人约定'合同的权利全部或者部分不得转让给第三人'的除外。"该约定应该只是指"权利"，而非指"权利和义务"。案涉合同第16.8 条的约定，实际上是《合同法》第八十八条（注：权利义务概况转让）的援引，该条是对合同"权利和义务"转让的约定，并非针对"权利"转让的禁止性约定。

其次，合同转让的情形有三：一是合同债权的转让；二是合同债务的转让；三是合同债权债务的一并转让，不存在第四种情形（如案涉合同第 16.8 条），即涵盖前三种情况的情形。前述三种情形（单独的法律行为）分别对应第七十九条、第八十四条和第八十八条的法律规定。不能以第三种情形（第八十八条债权债务转让）的约定推导出第一种情形（债权转让）也需要“对方同意”，否则，就与第一种情形（第七十九条）中债权转让“无须对方同意”的法律规定相矛盾。

最后，合同第16.8条的真实意思表示是B公司为防止A公司更换合同履行主体（概括转让）作出的特别约定，并非为了限制A公司将应收款转让（债权转让）给第三人。

上述代理意见最终得到仲裁委的支持，C公司为此欢呼雀跃。

读书之收获

如果在当时仅凭语文课上掌握的“和”的意思，望而却步，而不去找到原始资料去深研法律语境下的“特殊”意义，就不会开拓理解的思路，也就不会帮助当事人赢得胜利。

陶渊明的“好读书，不求甚解”，之所以常常被人误解，是因为人们忘了它的下半句：“每有会意，便欣然忘食。”而读法律书的终极目的，还是要“会意”，对书中的文义有所体会、感悟，能吸收、消化，他为己用。

我认为，律师读书，既要博览群书（开阔思路），又不能囫囵吞枣，而是要精读，读透读懂，否则也就失去了“读书”的意义。很多案件的争议点可能就是对一句话甚至一个字的正确理解，需要律师刨根问底，而不是一知半解。当带着“如何用”的念头去读书，这样书在我们眼里就没有了一点枯燥晦涩的地方。读它，种种抽象的概念都会还原成具体的形象和场景，每一页书都是鲜明而生动的事例的一个片段。这个时候，我们得到的不是僵硬的法条，而是未来可用的技法。

因为自己主要是做商事诉讼业务，就购买了很多最高人民法院出

案件唯有“多算”才能“胜”
唯有“胜算”才能“多”

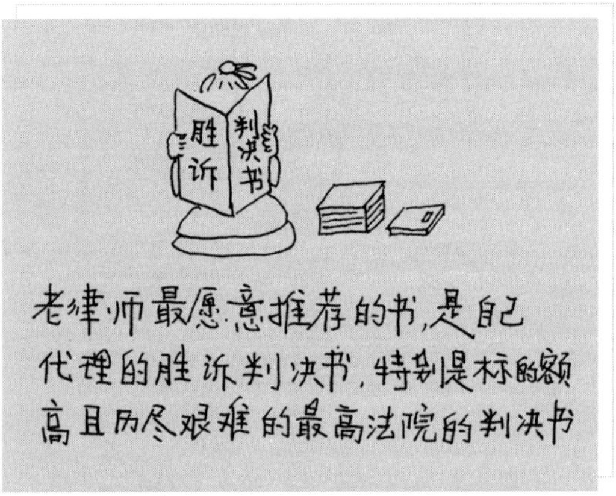

老律师最愿意推荐的书，
是自己代理的胜诉判决书，
特别是标的额高且历尽艰难的
最高法院的判决书

版的图书。这些书除了供团队成员阅读之外，也是很好的工具书。平日闲暇时会不时地翻翻这些书，有时候读到某一部分，可能会获得一些灵感，与正在代理的案件产生某种神交，踏破铁鞋无觅处，得来全不费工夫。

为什么要买最高人民法院指导案例丛书呢？理由也很简单：最高人民法院的指导案例，其权威性自不待言，关键是该系列丛书由专家法官编写，他们的理论功底和实务说理堪称行业“标杆”。他们都属于博士生导师级别的专家，而编委会委员也多数是最高人民法院拥有博士后或博士学位的法官，他们的著作注重理论与实践相结合，文字功底也相当了得。我们可以从最高人民法院的这些系列丛书中了解法院观点，学习他们的表达方式和写作方法。

如果把其中的判例看成故事，当我们为故事里的当事人命运唏嘘不已或击掌赞叹时，我们会惊奇地发现：他们的故事丰富了我们的阅历，并成为我们的财富。

心得

人做知识储备并不只是为了记忆，而是为了提高思维分析能力。律师只有储备充足的专业知识，才能提升对案件的辨别、分析能力，才能在海量的信息中获取自己需要的内容。面对疑难案件时，能灵光一现，想出破解之道。

后悔没有“如果”

律师的作用，就是让客户的后悔更少一点。

2001 年 6 月，某市某繁华地段拆迁，某拆迁户系一家国营老字号饭店，几经动员就是不同意搬迁。

开发商老板问原因，答曰：“虽然拆迁能旧房换新房，但是拆迁后饭店的厨房设备设施只能重新购置，费用巨大，拆迁不合算。”

开发商老板笑了，只要饭店能拆迁，厨房的设备设施全包。饭店老板大喜，随即搬离。

2003 年冬天，原地段矗立起一栋现代化的商厦，老字号饭店全体人员高高兴兴搬回了。饭店老板兴冲冲地让人列了厨房设备清单，让开发商去购置。

开发商老板一看，高大上的厨房设备价格不菲，从此退避三舍，饭店方起诉开发商。

我代理开发商应诉，当我仔细审查双方签订的合同条款：乙方（开发商）应按甲方（饭店）的要求配备厨房一切设备。这种约定太笼统了，要约内容不明确，应该属于无效要约。配备厨房一切设备，什么设备、多少设备、什么品牌的设备等，都没有明确说明，当然开发商无法承诺。要约和承诺不能达成一致，就不能达成合同。

在庭审时，饭店方提交了自行罗列的厨房设备清单，要求开发商按此清单购置设备。

我反驳，该清单与合同约定的设备（没有设备配备清单）不相符，不属于合同约定的设备，据此要求开发商购置，缺乏合同依据。

最终，开发商胜诉。

乍看上述条款，国营饭店好像捡到了一个大便宜，终于可以像跟着富豪爸爸上街的小孩子一样要啥买啥了，但没曾想富豪爸爸超级抠门，最后落得空手而归。饭店方肯定会后悔不已，“如果”当初签协议时把厨房设备清单写清楚就好了，但巨大的利益面前哪还有什么“如果”。

西方谚语说，财富的一半来自合同。合同与我们生活工作息息相关，给我们带来无限财富。作为法律人，大家学习《民法典》合同编，掌握了合同的法律知识，但并不意味着就会起草和审查合同。因为合同法律和合同不是一回事，前者是法律规则，后者是法律规则的产物。

律师屡战屡败，屡败屡战
精神可嘉，机会难找

合同之起草

为了起草合同，就应该对合同的大致结构和要点有所了解，刚开始我缺乏这方面的知识和实践，因此，在起草合同时，先从模仿标准合同模板开始，逐步积累经验。

合同范本并非随处可见，我先求助老律师，向他们讨要合同文本，并学着分解，如同小时候拆玩具，边拆边看，边看边学。

先针对客户需求，列出合同应该包含的主要条款以及每一条款下的主要内容，然后填充到合同范本中，照葫芦画瓢，通常也会大体符合要求，最终再交由主管合伙人修订定稿，一份合同也就形成了。经过这样的日积月累，就可以慢慢脱离范本，自如地起草合同了。

有了强大的互联网，一切变得简单多了。日积月累，我随时可在律所的合同范本库或自己电脑中找到想要的合同范本，使用这些合同范本可以为自己节省时间和避免打印错误。

另外，也可以轻松地从专业合同库中下载使用，如法天使合同库、威科先行文书模板库等。可以把这些范本当作原始资料，并将其中某些典型的条款和措辞下载下来，以备未来起草合同时使用。

但实际上，律师起草的买卖合同条款涵盖的范围应当更广，条款的细节应更深入。例如，需要向客户了解，是否提供维修服务、是否有保质期的约定、是否有所有权保留、是否存在分期交付的情形、如何确定交付的标准、运输和保险条款如何、是否涉及知识产权的保证，等等。无论客户是否特别说明，律师都应就上述条款内容与客户确认。

为了让合同结构更明晰，我往往先按逻辑顺序列出合同段落的标题词。合同的段落是按一定的逻辑顺序组织起来的，比如，在股权转让协议中，可以将承诺与保证、股权状况、转让价格、交割安排、违约责任等作为标题词。

另外，起草的合同通常还会设计好某些特定条款。这些条款通常是为了更加明确地界定权利义务关系(如陈述与保证、先决条件、承诺事项、免责条款、违约救济)，或者为了使合同的体系和结构更为完善(如鉴于条款、定义条款)，或者仅仅是一些非交易实质内容的通用法律条款。

起草合同前，我会了解交易的背景、合同的目的和已商定的商业条款。在起草合同之前和过程中有意识地搜集所有与合同起草相关的来往邮件和文件。

如果起草合同所必需的信息不完整，我会准备一份合同必须明确事项的清单与客户沟通，寻求其确认，并留存好客户洽谈的工作底稿。

了解交易的背景应当面面俱到。比如，要求客户列出合同交易的要点、需求、目的，并提供一些假设可能发生情况以及违约赔偿数额，另外，可让客户提供类似的合同供自己参考。通常情况下，客户都会保留以往的交易记录或者类似合同。如果有已商定的主要条款，就应将这些条款写进合同。如果感觉这些条款会产生法律风险，则应向客户及时提出。

对于已经商定的商业条款，应避免自作聪明地对其进行增删，甚至改变原有的含义。如果因某种原因无法与客户进一步敲定其含义模糊之处，也应提请客户注意。在完成起草工作后，应再次核实是否将所有的商业条款和客户要求的要点放入合同。

除了了解交易的大致背景和合同目的外，还需要了解客户对该交易的基本立场，如双方的谈判地位、交易阶段、合同相对方的公司性

律师不要给客户画大饼

画了也不能兑现

因为天上的饼从不会掉下来

质甚至合同相对方负责审阅合同的人员背景，等等。这些可能不会影响自己决定合同的结构和基本条款，但会影响自己设计合同的语言、篇幅和风格。

合同起草准备工作中最重要也最难以把握的是客户的需求，必须考虑到客户需要合同的样式。比如，复杂程度、对客户的保护程度，在了解客户的期望后，从客户的角度出发去设计一些条款，充分保护或者在商业谈判最可能的范围内保护客户的利益。再如，很多客户喜欢“一页纸”的合同甚至大白话的合同，写明关键条款即可，无须太多“套话”条款，如不可抗力等。

总之，在开始起草合同的时候，尽可能最大限度地将保护客户利益的条款放到合同里，最后再根据客户需要由繁到简进行删减。

如果是常见的合同类型（《民法典》合同编中的有名合同）且合同交易比较典型，一般不需要特别的法律研究。但是对于特别的交易涉及特别的合同架构，需要根据交易的情况先锚定这方面的法律规定。比如，起草建设工程施工合同，就要对《建筑法》《城市房地产管理法》及其司法解释等进行深入学习，并考虑这些法律法规对合同的影响。

在过去很长一段时间里，“中国式”合同开头一般是“甲乙双方就某某事宜，根据有关法律法规的规定，本着互惠互利的原则，经友好协商，达成如下协议，以期共同遵守”，然后就是正文第一条开始切入正题。也有部分合同使用“鉴于条款”，但也都象征性地介绍一下合同签订背景就切入正文，没有充分发挥“鉴于条款”的作用。

鉴于条款，又称“叙述性条款”。在国际许可证协议中，鉴于条款是由双方当事人就双方签约的目的、背景、希望和意图所作的陈述性说明。如供方就其职业背景、转让技术的合法性和实际经验等作的说明；

接受方对其接受标的的要求和目的所做的说明等。一旦发生争论，鉴于条款对于双方订约的目的、意图以及解释某些具体条款会起一定的作用。

首先，合同中的鉴于条款，主要是明确缔约双方签订合同的初衷或借此想达到的目的，或签订该合同所依赖的事实状态。该条款多出现在一些涉外合同和重大资产收购、合作开发等合同中，多数国内合同并未将其视为合同的一般条款。

《民法典》第五百六十三条规定：“有下列情形之一的，当事人可以解除合同：（一）因不可抗力致使不能实现合同目的；（二）在履行期限届满前，当事人一方明确表示或者以自己的行为表明不履行主要债务；（三）当事人一方迟延履行主要债务，经催告后在合理期限内仍未履行；（四）当事人一方迟延履行债务或者有其他违约行为致使不能实现合同目的……”

在当事人因合同目的不能实现而解除合同时，法院首先要了解合同目的是什么，而鉴于条款对判断当事人的合同目的具有重要的参考作用。就以本书后续的“借壳上市”案例来说，如果使用“鉴于条款”明确签约的目的，可能就不至于在 7 家太阳能发电项目没有被收购时无法解除股权收购协议了。

其次，鉴于条款还能起到承诺或保证作用。在鉴于条款中写明一方签订合同时依赖对方提供的材料或陈述的内容，作为双方缔约的前提或信赖的基础，如果对方违反了这种承诺或保证，导致己方利益受损，则可据其追究对方违约责任。

例如，在技术转让协议中，鉴于条款通常要写明转让方拥有某项专有技术的转让权（不受第三人追索），基于该前提受让方才签约并支付转让款。如果哪天真有第三人站出来，说这是他的专有技术，转让方窃取了他的技术，并不是专有技术权利人，受让方则可要求转让方承担违约责任或解除协议赔偿损失。

最后，鉴于条款还是损失赔偿的衡量依据。《民法典》第五百八十四条规定："当事人一方不履行合同义务或者履行合同义务不符合约定，造成对方损失的，损失赔偿额应当相当于因违约所造成的损失，包括合同履行后可以获得的利益；但是，不得超过违约一方订立合同时预见到或者应当预见到的因违约可能造成的损失。"那么，该法条中的"订立合同时预见到或者应当预见到的因违约可能造成的损失"在司法实践中如何认定？

一方面，要看合同的违约条款中是否对损失作出明确的约定，有约定的从约定；另一方面，通过考察合同签订时的背景、目的，认定违约方能否预见违反合同可能造成的损失。

举例来说，同样是水泥买卖合同，水下施工用水泥和地面上施工用水泥特性要求可能有所不同，但如果不在水泥买卖合同中特别指明是水下施工用水泥或者特定使用环境（水下施工）用水泥，一旦造成损失，双方可能会对签约时能否预见损失产生争议。在这种情况下，法官只能根据自己的生活经验来认定卖方能否预见到损失发生，从而认定卖方的责任。但如果用鉴于条款对施工背景作出叙述，损失的认定也就容易了。

总之，在稍微复杂的合同中，由于双方不一定对可能出现的风险都作详细约定，为避免今后发生争议或举证上的困难，最好在合同中加入鉴于条款。

有个词语叫百密一疏，说的是智者千虑必有一失。用到合同上，就是即便合同研究得再仔细，也可能会出现纰漏或者出现不同理解和认识，由此引发的争议诉至法院或仲裁委，就要由法官或仲裁员依据一定的事实，遵循有关的原则，对合同内容和含义作出准确的说明，这就需要对合同进行解释。

合同陷入僵局，多是对某事项未有约定或约定不清造成的。这个时候，双方会各执一词，需要法官或仲裁员“拨云见日”作出最终的认定。

例如，我曾经处理过一起装修合同争议。装修工程合同总造价298万元，其中一个条款内容是：单份在总工程造价5%范围内的设计变更，属正常设计变更，发包方对变更不另外支付工程款，超出总造价5%的新增工程，由监理单位和发包方确认工程量，签订追加协议另行支付工程款。

后来，追加单份工程（新增的粉刷墙面工程），造价超出总造价的7.5%，并经签证确认工程量。

施工方认为，应按约定7.5%另行计付工程款（22万元），但发包方认为，应在7.5%基础上扣除5%后（按2.5%）计付工程款（7万元）。

那么，到底是应额外支付22万元还是7万元？双方对此产生争议。

正常设计变更是指：不超过总造价的5%的工程量和新增工程，超过5%的工程量部分单算工程款，超过5%的新工程单算工程款。

本案中单份工程是新增工程，又属于超出总造价5%的工程，且这项工程已由监理单位和发包方确认，所以，施工方要求按7.5%另行计付工程款（22万元）是合理的。

如果合同约定超出总造价5%新增工程量而不是新增工程，由监理单位和发包方确认工程量，签订追加协议另行支付工程款，那就应该在增加工程量基础上扣除5%工程量后计付工程款（7万元）。

又如，甲公司与乙公司于2011年8月11日签订合同，约定甲公司委托乙公司在海外设立公司投资大型铜矿，并要求于 2012 年 4 月 12 日前办理海外投资公司股权变更（铜矿投资公司股东由乙公司持股变更为甲公司持股）。但因众多原因，截至 2014 年 2 月，双方仍未办理股权变更手续。

后双方又签订了一份新合同，用于在有关行政审批部门办理手续，并就股权变更及其他事项作出安排。原本履行手续的事应该很简单，但结果是双方又对新合同性质和个别词语产生分歧，并僵持不下。

甲公司认为，股权变更系委托持股项下的合同义务，新合同只是原合同的续延。也就是说，甲公司认为其与乙公司是委托持股关系，而非股权转让关系。

乙公司却坚持，股权变更系股权收购项下的合同义务，签订的合同应该是股权转让合同，只不过是乙公司替甲公司对外投资的投资款转为股权转让款（无须另行支付）的合同。

怎么办？双方意见几近水火不容，一方试图说服另一方，但都无济于事。

我认真了解了双方公司的背景：甲公司系央企，如按照股权收购模式签订合同，必须按照收购模式进行，程序烦琐，并不一定能够获得上级主管部门的批准。而委托持股原本是客观事实，基于这个事实办理有关手续，符合央企的按程序办事的原则，这是“正路子”。乙公司系民营企业，当初海外项目申报时是以自己的名义在当地政府申请，从未披露替他人持股的事实。现以股权收购的模式操作，可以自圆其说，是“卖掉”了海外项目而不是替人做一回“嫁衣”，欺骗政府相关部门。由此可见，双方采用何种合同形式，关系到乙公司看重的“面子”问题。

怎么办？去诉讼，以法院的最终认定来评判双方的法律关系，这样耗时耗力，而且容易伤了和气，引发双方对峙情绪，不利于后期股权变更登记手续的办理，且国内判决在国外法院很难获得承认，将面临异域司法不能强制执行的障碍。难道要不顾“名分”只求结果，以最终股权转至甲公司名下为目标？

如果只站到甲公司的立场上“坚持原则”，这件事可能就会僵持不下。夜长梦多，一旦海外项目出现股权质押、铜矿抵押或出售，造成国有资产的流失，那就不是坚持原则的问题那么简单了。

首先，我帮助甲公司梳理了几个问题：第一，本案最终目标是安全收回铜矿股权；第二，当下问题是合同名义是收购还是代持；第三，本案客观事实是委托持股（代持）。其次，律师们认真论证了相关合同履行的证据资料，并就上述问题与乙公司达成共识，建议甲公司同意按乙公司的方案办理。最后，建议在“股权转让”合同中，明确甲公司无须向乙公司额外支付任何款项，乙公司应该在规定期限内办理股权变更手续。

这样，即便双方就该合同性质发生歧义，也不至于给甲公司造成损害，且能完成最终目标，将股权变更登记至甲公司名下。最终，双方顺利办结股权变更登记。

总之，律师要看清合同的最终目标是什么，并考虑如何实现它，而不应被合同外在的名称或表达方式捆住手脚。

合同之审查

合同审查是为实现商业交易目的服务的，审核者应该在法律法规的框架下，领会商业交易的实质，权衡商业收益与现实风险的关系，大行不拘小节，解决好法律限定与商业需求的关系。

合同在履行过程中一旦发生纠纷，客户可能就认为合同没签好。正如前文谈及的合同风险，再好的合同文本也不一定能避免所有的风险或纠纷的发生。

我觉得，只要合同的内容与签约方的共同意思表示高度一致，这就是一份很好的合同。有些所谓的合同“风险”，其实不过是签约一方不愿诚信履行自己的义务时想免除责任的借口而已，属于“占了便宜又卖乖”的背信行为。

客户提交给律师审查的合同，往往是由交易对方提供的合同版本，这样的合同版本往往是有利于合同提供方的，甚至还有很多陷阱，遇到这样的情况，就需要审查律师展现出专业水平了。如果对方在合同中挖“坑”，年轻律师往往只会在现有条款上审查内容是否合理或者简单地修改文字符号，不会从宏观大局角度来把握合同，这样就容易落入对方的陷阱。

遇到这种情况，我的做法是：在看完合同现有条款后，并不着急立即做文字上修改，而是从宏观角度先看合同的架构。所有合同都是当事人所作的交易安排，这种安排既包括交易顺利的安排，也包括交易不顺利时的安排，转换到法律上的表现是：交易顺利时，双方各自需要做的事情，就是双方的权利义务；而交易不顺利的安排，体现在合同中就是违约条款。

从这个角度去审查合同，把双方各自权利义务、违约责任进行列表对比，就容易发现合同现有条款是否存在遗漏、缺失重要或必要内容。

合同审查还应注意另一个问题，即在充分理解交易目的的情况下，要将合同内容与交易目的进行比对检查，看两者是否达到一致，避免出现意思表示的“遗漏”。

我曾代理一宗“借壳上市”的合同纠纷案件，该案就是因为合同签署不慎，最终陷入进退两难的境地。

甲公司名下有7家太阳能发电项目公司，拟通过“借壳上市”方式，将太阳能发电项目“装进”上市公司。于是，甲公司与上市公司的控股股东（A公司和B公司）达成协议，先通过股权转让方式收购A公司、B公司持有的上市公司股权，而后间接利用控股地位通过上市公司董事会或股东会决议收购7家太阳能发电项目公司。

合同签订后，甲公司如约支付了11亿元收购了A公司持有的上市公司的股权，并办理了股权变更登记，满心欢喜地等待上市公司收购太阳能发电项目公司。

让甲公司措手不及的事情发生了，7家太阳能发电项目公司与上市公司签订的股权收购协议因未通过上市公司股东会决议而搁浅，也就是说，7家太阳能发电项目未能“装进”上市公司，上市公司终止收购7家太阳能发电项目。

甲公司感到事态严重，自己似乎掉进了一场骗局。A公司让自己花了11亿元买上市公司股权，而上市公司却拒绝购买自己的太阳能发电项目公司股权。甲公司一气之下就给对方发函，要求解除协议，退还11亿元股权转让款。对方也不依不饶，要求甲公司继续履行收购B公司持有的上市公司股权的义务，并要求支付该合同项下股权转让款15.6亿元，否则就与甲公司对簿公堂。

当甲公司将签署的“一揽子”协议展现在我面前时，我认识到问题的严重性：

从形式上看，7家太阳能发电项目公司与上市公司分别签订了《股权转让协议》，协议约定了项目名称、项目名下资产、收购价格、交付时间、违约责任等，内容具体翔实。

但是，核心障碍是协议末尾两个条款："18.1 本协议自双方签字盖章且甲方上市公司就本次交易获得董事会、股东大会的批准同意即生效。18.2 若出现 18.1 条约定的条件未实现或满足的情形，甲方不承担责任，在这种情况下，双方均有权终止本协议。"

也就是说，只要上市公司董事会或股东大会不批准本次交易，合同不生效。合同不生效，上市公司也不承担任何责任，而甲公司与 A 公司、B 公司签订的股权转让协议的生效条款约定：本协议自双方签字或者盖章之日起生效。

也就是说，甲公司与 A 公司、B 公司的协议只要签字盖章，不违反法律法规的禁止性规定，一经签订就发生效力。该协议生效不附任何条件。现在甲公司与A公司的股权转让协议已履行完毕(转让款付清、股权变更登记完成)，甲公司想解除合同要回 11 亿元，缺乏合同依据。

实质上，甲公司关注的收购合同生效条件对对方没有约束力，而对方关注的收购合同生效条件对甲公司有约束力。像两方对垒，一方可以主动攻击对方，另一方却只能被动接受攻击。不是力量悬殊所致，而是规则预设不公平所致。

但问题是，我翻遍所有书面材料(合同、备忘录)，根本就找不出 7 家太阳能发电项目公司收购与 A 公司、B 公司股权收购的必然联系，或者说，没有任何证据证明，如果 7 家太阳能发电项目公司不能被收购，甲公司就有权解除对 A 公司、B 公司持有上市公司股权的收购协议。

甲公司负责人也如梦方醒，大呼上当。口口声声称当初跟对方洽谈的条件就是，上市公司收购 7 家太阳能发电项目是交易的真正目的，如果这个目的实现不了，甲公司就不买A公司、B公司持有的上市公司股权。但问题是，这些条件和初衷，并未在合同中有所体现。

甲公司负责人后悔道：如果当时我们把交易想得悲观一点，在合同中提前约定好退出条款就好了。可是，当时他满脑子里都在想“上市”，哪里还会想失败是什么。无限欢喜，手提章落，鲜红的印迹便留在合同书上。

如果在合同中增加一项条款明确约定“在7家太阳能项目不被收购的情况下，甲公司有权解除与上市公司控股股东（A公司、B公司）签订的股权收购合同”，则不至于如此被动，更不用以26.6亿元的代价来弥补合同疏漏。当然，“如果”往往是千金难买。

审查合同时，可通过合同模拟冲突的方式来验证合同的质量，也就是说，通过假设多种情况下的合同违约，查验合同是否有制约依据，查漏补缺。这样的方法虽然耗时比较多，客户也基本不大知道律师所做的努力，但自有它的好处：一方面保证审查合同结果不出现重大问题，另一方面是律师提升自身业务水平的好途径。

心得

合同，是当事人之间利益分割的书面记录，也是利益纷争的重要依据。说得通俗一点，合同就是当事人利益分配的凭证。所以，律师起草审查合同，终极目标就是要全面准确记载当事人权利和义务。为了实现这个目标，就要以客户利益为基础，深研合同之道，让合同条款无限逼近当事双方的真实意思，且要查遗补缺，想客户之未能想，防患于未然。

第四编

对决

贯穿始终

对

贯穿始终

决

天机不可泄露

稍有不慎，便会成为别人的天机。

2016 年 7 月，我受邀参加一起代位权诉讼案件的商讨。

案情比较简单，大致情况是：2012 年 2 月 7 日，股权受让方甲公司收购证大公司，向出让方乙公司提出一个先决条件：乙公司应豁免证大公司的到期债务 3100 万元。双方签订股权转让协议，并将该先决条件列为协议的特别条款。2 月 19 日，乙公司豁免了证大公司 3100 万元的债务，甲公司收购了证大公司股权。

2016 年 7 月，丙公司向证大公司提起代位权诉讼，并诉讼保全了证大公司的土地厂房，其诉讼请求是判令证大公司向丙公司支付 3100

万元及其利息。事实和理由是：乙公司拖欠丙公司欠款 6500 万元，乙公司豁免证大公司的到期债权侵害了丙公司的债权。

丙公司在起诉状中认可，2012 年 2 月 19 日乙公司豁免证大公司的欠款 3100 万元的事实。

甲公司法务部等待着我的分析意见，因为是初次合作，我知道，他们是在测试我的办案功底，对我来说是一场考试。

“仅从本案来看，胜诉比较容易。代位权诉讼的基本条件是有两个债权，本案曾经存在两个债权，但在 2012 年 2 月 19 日其中一个债权因为豁免而消失，在这种情况下，自然已缺失代位权诉讼的要件，就不能再提起代位权诉讼。法院应该驳回丙公司的诉讼请求。”

“但不妨碍丙公司在开庭前变更诉讼事由为撤销之诉，《合同法》第七十四条规定：‘因债务人放弃其到期债权或者无偿转让财产，对债权人造成损害的，债权人可以请求人民法院撤销债务人的行为……’乙公司豁免目标公司到期债权 3100 万元，侵害到丙公司的债权，丙公司有权撤销乙公司的行为。待撤销之诉得到支持后，债权恢复原状，具备两个合法债权，那个时候再去提代位权诉讼，从理论上说，可以获得法院支持。”

“那付律师有何破解之道？”法务部负责人李总试探着问，他轻轻呷了一口茶。

“我考虑到两个方面可以尝试：一、利用诉讼规则，拖延案件审理，熬过 2017 年 2 月 20 日，拖过五年除斥期间，使其撤销权错失，彻底解诉讼之困。

“二、如果在 2017 年 2 月 20 日前丙公司意识到诉讼方案错误，变更为撤销权诉讼，可考虑债权转让抵销，即如果 3100 万元债务被取消，甲公司就享有对乙公司的合同债权（请求豁免3100万元），将该债权转让给证大公司，待丙公司向证大公司代位时，证大公司行使债权债务的抵销权，让丙公司无功而返。”

不出几天，接到通知，甲公司最终同意委托我来代理本案。随即，甲公司按照律师的建议提出了管辖权异议。

经过很长时间，甲公司收到了法院驳回管辖权异议的裁定书，甲公司又向上一级法院提起上诉。

时间在慢慢地靠近2017年春节，假期前夕我回到高密老家准备过年。

一直以来，心都在悬着，我没有心思去欣赏家乡的年俗。我一天天地数着日子，时间慢慢逼近1月27日（年除夕）。

除夕之夜，我许下的心愿是，诉讼计划在2月20日（正月二十四）前不被识破。

越是坚持到最后，心里越是紧张。在那一个时期，我们不敢轻易联系法院法官以免“打草惊蛇”引起丙公司的警觉。此刻，我内心深处反而有些不忍，这是不是利用对方的疏忽在帮助客户逃脱责任？但是，我别无选择。

法庭如战场，不是儿戏。我时常会想起很多年前利用诉讼时效技巧取得“成功”的案例，也忘不了那位许老板的愤怒眼神。当时我的客户拖欠一个宜兴个体户许老板200万元货款，但因许老板不能举证证明两年内主张过欠款错失诉讼时效而被法院驳回诉讼请求。当他拿着败诉判决书，哽咽着责问我为何帮助坏人逃债时，我顿生自责，无言以对。

当时，我默默地在想，他辛辛苦苦挣的钱，却因我的时效抗辩让他的债务人逃之夭夭，讨债无门，自己是不是助纣为虐，背离正义？但转念一想，我又能怎么办呢，我只是在履行一名律师的职责，而非我的恶意，法律有规定，我却视而不见，我又如何向我的客户交代？在这个世界上，原本会有很多人要为程序正义而付出代价，这是法则。法律规定了诉讼时效，对那些不知道或不遵守这项规定的人，总要付出沉痛的代价。这种不公是法律的无奈，律师只是执行了法律规定而已。

我清楚地记得2月20日是周一，是最难熬的一天，做什么都没有心思。我多么希望上帝能按下快进键，让时光快一点过去。

周二早上9时，我仍忐忑不安，但还是给法官打了电话，佯装问一下案件变化。

法官的回复是："正好我也要给你打电话呢，本案计划于3月9日上午9时开庭。"

"丙公司的起诉状、证据材料有变化吗？"我急切地问。

"等一下，我看看。"我听到电话那头窸窸窣窣的声音。

"代位权诉讼，请求判令证大公司向丙公司支付3100万元及其利息。没有变化。"

"太好了。"我禁不住喊出声来。

太惊险了，悬着的心终于可以放下了。我们将因为对方的疏忽而赢得胜利。

其中有个问题，自始至终萦绕在我的脑海中而又无法回避：丙公司原本认为"稳操胜算"的案件，却因代理律师的疏忽而一败涂地，丙公司会不会因此向代理律师索赔？一旦索赔，后果会怎样，我不敢去想……

别 抱 怨 研 究 案 件 苦
那 是 律 师 走 向 成 功 的 路

记得高中数学课，平面几何课老师总让我们找不同的解法，不要停留在一种方法就终止，而要寻找更多的方法。不但可以验证前面解法的答案是否正确，也能锻炼自己的多重思维。

做律师以后，我始终要求团队成员不能固守已有的“正确方案”，而应该继续寻找第二个方案。如果不怀有敬畏之心，时刻反思或验证第一种方案，就有可能“困死”于案件中不能自拔，后悔晚矣。

毛泽东主席在《论持久战》中曾讲道：“‘凡事预则立，不预则废’，没有事先的计划和准备，就不能获得战争的胜利。”打官司和打仗很像，要目标明确，策略得当，否则就一败涂地。

做原告的代理律师，虽然看似有准备地启动一次诉讼，但是，从证据准备的角度讲，原告的诉讼难度可能会比被告难。因为民事诉讼的举证要求是“谁主张，谁举证”，而如果举证不能或诉讼请求错误，就有败诉的风险。

被告的代理律师的工作反而要简单些，他只要对抗、突围，针对原告的诉求和证据去挑毛病，当然也会提供一些相反的证据，但多数情况下，是一种防御性的对抗。所以，从诉讼博弈的角度讲，做原告的代理律师并不比被告的代理律师容易。在我代理被告的案件中，因原告律师未能正确选择诉讼请求而被告险胜的情况并不少见。

本章案例和上一章案例都涉及代位权诉讼，产生两种截然不同的结果，究其原因就是律师对代位权制度掌握的娴熟程度的差异。

律师只有从复杂问题中不断地总结和提炼解决方法，运用到自己的业务中，才能赢得客户的认可。多数律师是在收到败诉的判决之后，才会开始反思，开始查找办案中的不足和自己的懈怠，但一切都晚了，过往不会重来。为了争取案件胜诉，只有吸收或者主动地去参与这些艰难的事情，并在这些艰难的事情中激活自己思维，把别人的知识转化成自己的知识，努力探求事物的本质，才能常见凯旋之门。

心得

诉讼，如同刀尖上跳舞。任何一步没做好，都可能导致全盘皆输，一败涂地。律师只有本着战战兢兢如履薄冰的谨慎态度，苦练内功，时刻反省自己的做法，才能不犯错误或少犯错误，至少不犯低级错误。

对局宝典

努力寻找相同的两片树叶，并发现两者的不同。

我刚做律师时，互联网应用尚不普及，那个时候没有案件的数据检索，对代理案件的结果预判，主要靠自己的办案经验，办案经验成为老律师的独家秘籍。

刚开始做律师没有实践经验，我看到其他律师都很忙，就不好意思总去向人家讨教，耽误人家的业务。但律师是实践性很强的职业，没有经验就难以揽到业务，搞不好还会给客户造成损失，所以就要自己想办法获得经验。

于是，我去新华书店买了很多实务类的书籍，特别是人民法院指

法律检索就是找到一样
的树叶，发现其中的不同

导案例丛书，从书中学习办案经验。我充分发挥了剪报的经验，做了诉讼案例小字典，名唤《对局》，实际上是案例的归纳笔记。在一本16开的本子上，做了目录索引，列明关键词、法院审判观点、对应指导案例的页码。

就这样，随着日积月累，我做完三大本《对局》，我在扉页上写道：知己知彼百战不殆。我希望它成为研究原被告对战的最好攻略。

2005年，在裁判文书没有上网公开的年代，这本笔记成为律所其他同事参阅的案例宝典，成为一把打开众多裁判规则密码的钥匙，而我也成为同事们的案例向导，很多同事愿意与我探讨案件的代理方案，因为我能帮忙他们找到最相似的参考案例。

2015年9月9日，中国第一个类案裁判规则检索体系——天同码，开启了法律圈案件检索的先河。从此以后，随着法信、无讼等法律专业搜索引擎的上线以及裁判文书的全面公开，案例检索成为律师办案必备之工具。

从此以后，法院审理案件的审判思路已不是秘密，法院如何判案，几分钟的检索即可查清楚。

我发现，新的检索技术缩短了新老律师之间的经验差距，改变了老律师倚老卖老、以自己的经验为独门绝技的状态。过去老律师非常神秘，他的经验是别人无法拷贝的。但是今天，我相信那些固守陈规的老律师可能也不得不向互联网寻找案件审理的新答案，不得不向更多年轻律师求援，共同商讨案件的办理新思路。

法律之检索

法律检索能使案件研讨得到及时准确的实务验证，代理律师可以通过案例检索，了解办案法官的审判思路、法院的倾向性意见、法律条款的适用，并为己所用，在案件代理中有的放矢地进行主张或抗辩。

另外，因业务范围所限接触诉讼案件少的律师，特别是实习律师及年轻律师，可以通过案例检索了解案件的争议与最终判决结果，积累代理经验。对非诉讼律师而言，可以通过案例检索对法律条文的适用作深入理解。

比如，《民法典》第四百四十五条第二款对以应收账款出质的质权转让进行了限制性规定，“应收账款出质后，不得转让，但是出质人与质权人协商同意的除外。出质人转让应收账款所得的价款，应当向质权人提前清偿债务或者提存”。如果对此不理解或者认识不深，可以通过案例检索，参照法院的剖析和认定，进而加深对该法条的理解。

法律检索成为确认请求、抗辩主张的重要参考。接手案件时不知如何下手，就可以通过案例和法律法规的检索，学习法律知识点，模仿成功案例的思路和方法，思考作为原告如何起诉，作为被告如何答辩。对已经确定诉讼思路的案件，也可以通过案例和法律法规的检索，复核或验证案件思路是否正确。

法律检索成为预测裁判结果的基本依据。前有车，后有辙，虽然我国不是判例法国家，但同案同判是司法追求的社会效果。特别是最高人民法院的判例或者同一法院的在先判例，通常来说，如果案件类似，判决书对待审案件的参考价值就非常高。

法律检索成为行业或专业分析的重要方式。很多专业机构以及专业律师，通过大数据分析某类案件或某法院审理案件的趋势，为行业或专业案件提供参考。比如，分析民间借贷纠纷案件的数量和管辖法院的地域分布，可以反映民间资本的规模和流向，为融资市场提供可靠数据。

官方背景的检索引擎未来都会是免费的（或者在中国裁判文书网中增加相关功能）。这就和国家的图书馆一样，法院提倡裁判文书公开，是国家信息公开的一部分，不应该设置收费等各种门槛，这样才便于普通老百姓、专业法律人去检索学习。裁判文书检索的官方网站是中国裁判文书网，这是最高人民法院指定的官方网站。其数据库是其他网站、软件检索引擎的权威来源库。

随着技术的发展和数据库的扩容，中国裁判文书网的数据库管理水平发生质的飞跃：数据更新及时、数据量猛增，用户体验有所提升：检索速度快；关键词检索命中率高，其受到越来越多用户的欢迎。

我相信，作为国家级的重点司法数据库，背后有财政的强力支持，必将是未来中国最强大的法律数据库，其权威性、使用便利性必将首屈一指。未来随着大数据分析技术的发展，说不定还会出现“人工智能法官”审理案件并作出判决。这一天并不遥远。

下文推荐的法律检索工具，我们团队成员都尝试使用过，且不只用一种工具，多数情况下会结合其不同优势，选用两种或以上的检索工具，查漏补缺，防止有些数据库更新不及时而检索无果。

威科公司提供的威科先行法规数据库及案例数据库。 威科先行法规数据库及案例数据库是荷兰威科集团旗下专为中国市场打造的一款专业的法律信息查询工具。威科公司在法律、商业、税务、会计、金融、审计等领域提供法律内容和技术服务。

威科先行法规数据库及案例数据库的分类筛选标签和检索做得不错，针对律师的实务模块比较有特色，把问答、案例、实务、指引打包提供服务，包括境外投资、反垄断合规、反商业贿赂、劳动法实务、网络安全合规、税法合规、金融合规实务等，借鉴了很多国外数据库的做法。比如，威科案例数据库中有一个行政处罚案例库，汇集了400多万的行政处罚案例，筛选做得很清楚，这个比较有参考价值。

法信，全称为“法信——中国法律应用数字网络服务平台”，是中国首个有着法院官方背景的法律知识和案例大数据融合服务平台，2016年3月31日在最高人民法院官网上线。该平台的建设目的号称是“智能断案”。

该法律数字平台为法律人提供一站式专业知识解决方案、类案剖析、同案智推服务，并向社会大众提供法律规范和裁判规则参考。法信平台囊括案例要旨、法律观点、法律图书、法律文件、司法裁判、法律期刊六大资源库，是目前中国规模最大、体系最全、覆盖最广的法律知识导航体系。

传统的法律服务平台局限于法律文献检索，而法信则通过知识组织体系和大数据剖析，给法律职业群体提供一站式的知识解决方案和类案参考体系，给不懂法律条文的老百姓提供近似案件的预判参考。它是由人民法院出版社创办的一个综合数据库检索网站，它的一个特点是可以分段检索，同时具备关键词检索、知识体系检索、大数据维度检索、智能问答、以文找文五种检索模式。

北大法宝是一个老牌的综合性法律数据库，它内含法律法规、案例、期刊。它的优势是数据库比较齐全，且部分可免费使用。

法天使律师助手。法天使主打合同库（写合同、审合同），该产品可作为WPS、WORD软件中的插件，一站式查阅法律法规、案例、合同参考文本、工商登记信息，同时可以插入编辑的文档中。比如，企业工商登记信息可以在WPS、WORD文档中直接导入，这对写法律尽职调查报告类的文件非常方便。

无讼案例数据库。源于从前天同律师事务所的“天同码”归类概念，注册后使用可以形成检索报告，界面友好，看上去也比较简洁，关键是条理清晰，内容涵盖案由、案号、审理法官、审理等级、代理律师等，注册后免费使用。

检索之章法

要明确检索目标，也就是说，就争议焦点中涉及的法律适用问题，通过法律检索获取全面的规范性法律文件及案例数据信息，形成一个完备的法律适用体系。

具体检索目标包括：获取有关确定法律关系性质和效力的规范性法律文件和案例；获取有关确定可以补充合同漏洞的规范性法律文件和案例；获取有关明确法律解释的规范性法律文件和案例；获取有关证据和事实认定方面的规范性法律文件和案例。

只有明确检索目标，才能知道应该如何去检索，如何确定检索关键词，否则，就如同大海捞针，找不到需要的合适案例。

举个例子。2018 年 8 月，A 公司与 B 公司签订《应收账款质押反担保合同》约定：以 B 公司应收 C 公司 4500 万元货款作质押提供反担保，并在中国人民银行征信中心进行了质押登记。

B 公司与 D 企业达成《债权转让协议书》：B 公司将对 C 公司的债权全部转让给 D 企业，并通知了 C 公司。后来，D 企业起诉 C 公司，请求确认债权转让有效，并立即支付到期债权。

问题来了：检索的目标是什么？

检索的目标：应收账款出质后能否转让，转让效力如何。

通过“百度”搜索引擎检索获得规范性法律文件检索线索和案例检索线索，以及就案件涉及的焦点问题的各方观点，然后依据该线索完成最终的检索方案设计。为何要先通过“百度”搜索引擎而不直接通过法律专业搜索工具进行检索？因为检索应从大范围“着眼”小范围“着手”，即先从大范围找方向、线索，再在该方案的基础上慢慢收紧检索范围，最终“命中”目标。这如同大海捕鱼，深远抛网，慢慢收网。

通过“百度”既可能搜索到介绍案情和结果的新闻稿，又可能搜索到关于“效力性强制性”认定的博客里的文章，还可能是上市公司关于质押效力与债权转让效力的仲裁裁决内容公告，等等。在这些内容基础上，可以找到搜索的关键词、关于“效力性强制性”认定的文章中引用的文献出处，可以顺藤摸瓜，找到全国人大法工委、最高人民法院专家的倾向性意见等。

就前述案例而言，可在“百度”中以下列关键词组合进行搜索：债权转让合同有效，质押，案例，可以查到搜狐网、百度文库、新浪博客等平台相关文章，再在搜狐网“最高人民法院：未经质权人同意合同是否有效？附典型案例 ”文章中扩展阅读：中国工商银行股份有限公司玉溪分行与李某艳合同纠纷再审民事判决书［最高人民法院（2017）最高法民再 409 号］，中国民生银行股份有限公司武汉分行与广州金邦有色合金有限公司、深圳市核电工程建设有限公司等金融借款合同纠纷申诉、申请民事裁定书［最高人民法院（2016）最高法民申 3454 号］，天津市北辰区致远化工厂与义乌市久府房地产开发有限公司质权纠纷二审民事判决书［最高人民法院（2017）最高法民终

158 号］。

由此对应的法律是《物权法》（注：当时实施的有效法律）第二百二十八条，规定以应收账款出质的，当事人应当订立书面合同。质权自信贷征信机构办理出质登记时设立。

应收账款出质后，不得转让，但经出质人与质权人协商同意的除外。出质人转让应收账款所得的价款，应当向质权人提前清偿债务或者提存。

此处的“不得转让”是否为效力性强制性的规定，D 企业要求立即支付到期债权的诉讼请求是否能得到支持？

接着，利用上述法律专业数据库执行详细的检索方案。先检索相关法律文件条文、法院判决，确定法律适用体系。在设定关键词时，应当遵循如下原则：先模糊后精确，即可以宽泛一点进行检索。比如，应收账款转让合同纠纷，可先以“债权转让合同”为关键词进行搜索，再增加“应收账款”为关键词进一步搜索。关键词越多，筛选条件越苛刻，所以，关键词要慢慢增多，层层筛选，不要一开始就以多个关键词为条件同时进行检索。

按“先程序问题后实体问题”的顺序进行检索，即债权转让合同没有约定管辖，被转让的债权基础合同中约定仲裁管辖，检索时要先以“管辖”为关键词，再增加“转让效力”为关键词一同进行检索。

另外，为了通过法律检索获取大数据分析所需的案例或法律规定等数据，应当准确选定关键词。在选择关键词时应当坚持唯一性原则，保证利用该关键词获取的基础数据符合大数据的分析需要。在设置大数据分析关键词时首先考虑如下因素：裁判文书用词表述、适用法律的唯一性，即要使用法言法语，且要尽可能使用法律文书的惯用语，比如，用“怠于行使”而不使用“不积极行使”。

再通过法律专业检索工具威科先行进一步检索，输入：合同效力、债权转让、质押。检索到第一条：大唐保定热电厂与保定市三丰生活锅炉厂确认合同效力纠纷再审民事判决书［最高人民法院（2017）最高法民再5号］；第五条：湘潭企业融资担保有限公司与湖南大工重机有限公司二审民事判决书。

再接下来，就是利用法信、无讼等案例库，对锁定的案例数据进行分析，确认是否为最高人民法院指导性案例、受理法院公布的案例、上诉法院公布的案例、再审法院公布的案例、该合议庭或经办法官审理的案例、最高人民法院发布的案例。要对检索的相关法律法规和案例，通过其他搜索工具进行检索复核。检索时应当做好记录，将每一步检索步骤都记录下来，以便于依据检索记录能够得到最终的检索结果。同时，分析检索结果的有效性，以便在检索结果存在问题时找到原因，并进行改善。检索记录系检索报告的组成部分，应当与检索报告一并提交检索报告的使用者。

在此基础上，律师可以根据自己的经验、最高人民法院指导案例系列丛书、相关案例文章等进行认真细致的对比，对相关案例与题述案例的差异点、相同点进行汇总和复核，一一拆解分析，并制作检索报告。

最终，我们发现，大唐保定热电厂与保定市三丰生活锅炉厂确认合同效力纠纷再审民事判决书［最高人民法院（2017）最高法民再5号］与题述案件的契合度最高。该案件的观点可以援引到题述案件：

《物权法》第二百二十八条第二款规定：“应收账款出质后，不得转让，但经出质人与质权人协商同意的除外……”本条第二款是应收账款出质后对出质人权利的限制，即出质人不得随意转让应收账款，只有在取得质权人同意的情况下才能转让应收账款。此处的“不得转让”不属于效力性强制性规定。

最高人民法院最终认为应收账款质押不影响债权转让合同的效力。主要理由如下：

第一，现行民法规范中的“不得”二字不是识别效力性强制性规定的标准，它有多种解释可能性，有的是指不发生物权变动的效果，有的是指转让合同、设立物权的合同不发生效力或者无效。例如，《城市房地产管理法》第三十八条规定的不得转让的房地产，目前的司法实践均认为，违反该条规定，转让合同并不无效，但是否发生物权变动或者受让人能否请求转让人继续履行，则需要根据该条规定的各项分别判断。

第二，将《物权法》第二百二十八条第二款解释为转让设立质押的应收账款债权无效，在强调债权的流通性及价值的背景下，不利于应收账款债权效益最大化的发挥。这是因为，应收账款债权设定质押与应收账款债权转让具有不同的功能和特征，前者旨在为主债权担保，质权是否行使，取决于债务人是否履行债务，具有不确定性。在质权成立至行使质权这一段期间内，被担保的主债务人与应收账款债权人均有期限利益，这种期限利益涉及市场波动、商业交易等因素，有时对当事人利益影响巨大。同时，根据应收账款债权实现可能性的不同，应收账款债权具有不同的价值，在应收账款受让人认可该价值的前提下，限制该债权转让，将阻碍应收账款债权人变现其债权并进而损害其利益。另外，在应收账款债权受让人认可该债权价值大于其上设定的质权所担保的主债权并愿意受让该债权的场合，限制该债权流通，就更不具有合理性。

第三，将已出质的应收账款债权转让合同认定为无效，有时并不利于质权人的利益。根据《物权法》第二百二十八条第二款的规定，出质人转让应收账款所得的价款，应当向质权人提前清偿或者提存。如果认定合同无效，则意味着质押人已经取得的转让价款的返还。对于质权人而言，已经实现的债权（转让价款）与尚未实现的债权（应收账款债权）相比，显然前者对于质权人更为有利。

第四，从登记制度上看，在登记生效主义的物权变动模式下，应当尽量贯彻登记的公信力，如此，不将应收账款债权转让合同归于无效，同时依照物权变动的规则确定质权的归属与效力，在逻辑上更加清晰。

最终结论：《物权法》规定处于抵押或质押状态的标的物未经质权人同意不得转让，第一百九十一条和第二百二十八条规定原文用的都是“不得转让”，但是最高人民法院认为现行民法规范中的“不得”二字不是确定该条款是效力性强制性规定的直接标准，“不得”有多种解释可能性，有的是指不发生物权变动的效果，有的是指转让合同、设立物权的合同不发生效力或者无效。

对于抵押物转让未经过抵押权人同意的效力问题，最高人民法院曾有指导案例认为：买受人通过行使涤除权涤除转让标的物上的抵押权负担的，转让行为有效，同样该观点可参考适用在应收账款质押情形。

接下来的问题是：上述案例与题述案例的差异点是什么，如何针对差异点继续检索。

题述案例不仅要解决基础合同的效力问题，关键是要解决“给付”债权的问题，而检索到的相似案例仅仅解决了基础的“合同效力”问题，并未涉及“给付”的诉求，这就需要进一步检索和研究。

下一步检索的关键词，应该是：给付、债权到期、质押、优先受偿。在此检索的基础上继续研究，并最终形成检索报告，确保检索结果可以再现和复核，可供律师团队或客户使用。

检索之用途

检索报告除了供律师研究案件使用外，可提交法庭供法官参考，也可以提交客户参考。

递交法庭的检索报告，要便于法官阅读参考。虽然我国不是判例法国家，但是同案同判将成为一种趋势，同案不一定同判，但至少可供主审法官参考借鉴。由于法官每日工作繁忙，提交给法官的检索报告不要烦琐，要言简意赅、一目了然。如果要引用案例，一定要注意选择相关的、具有可比性的、对本案有借鉴作用的案例。

案例引用的重点不在多而在准，让法官感到无可辩驳的可比性。过多地引用案例不仅会引起法官的不耐烦，还可能使法官增加了去判断哪一个案例是最恰当案例的负担，如果法官最终采纳的并不是最直接相关和最有可比性的案例，这岂不是出现了画蛇添足的局面？

作为执业律师，在办案时查找和阅读相关的案例是对当事人一项严肃的义务。阅读案例时没必要通篇阅读，任何案例与所办之案都只是部分有关。这种阅读需要技能，技能的核心是快和准。“快”并不是说在单位时间内看的字数多，而是指在最短的时间内找出自己需要的内容。“准”是指找到的内容中既没有遗漏的部分，也没有多余的部分。

法律检索报告应当包括以下内容：检索目标、检索使用的数据库、检索基准日、检索流程、检索记录、检索结果。案例检索结果应当按如下顺序排列：案件名称、案由、案号、审理级别、裁判日期、裁判结果、法院观点以及裁判文书原文或相关文件全文、链接地址等必要信息。

检索报告首页要写明判例与本案的异同点，并写明结论和依据，后附判例原文，并在判例原文的关键相关章节或字句用荧光笔标示，且表明出处。

另外，在案件代理的招投标过程中，我也会把检索报告加入投标书中，让当事人感觉到律师工作专业、细致、值得信赖，中标的希望可能更大。

心得

以古为鉴，可知兴替，以人为鉴，可明得失。案例检索的目的，无非以原先案例为对照，预判当下案件的输赢命运，并以已有案例观点说服当下案件的裁判者接纳自己的意见。为了找到与办理案件相似或相同的案例，就要穷尽一切可能进行寻找，直到“发现没有”，而不因“没有发现”而止步。

善抱者不脱

每一个出奇制胜的方案背后，都少不了绞尽脑汁的艰辛。

9时，公司管理班子全部到会议室集合，我知道公司可能摊上大事了。

“王书记，你把情况向付律师介绍一下吧。”刘董事长单刀直入。

“好的，我来简单介绍一下情况。咱们公司受美国乙公司委托，安排上海丙公司为乙公司运输17台3.6MW风机塔筒至美国得克萨斯州TAHOKA风场。

“三方在青岛签订的运输合同约定，塔筒最晚于2012年7月22

日运抵休斯敦港，最迟在9月7日前运抵风场。逾期一日按合同总金额的0.5%计付延误损失，最高限额为合同总金额（656万美元）的10%。如果乙公司迟延付款，逾期一日按0.1%计付违约金。

“8月2日，美国政府联邦公告，凡在8月2日后入港的塔筒，需要缴纳反倾销关税。可丙公司的运输船队于8月3日才抵达休斯敦港口。仅24小时之差，乙公司需为此额外缴纳反倾销关税690多万美元，始料未及的政策变化使乙公司流动资金告急，未能按约在货物到达港口后支付第二笔运费。

“8月9日，丙公司从港口提取16号和17号塔筒后，运输至风场路上时停了下来，将塔筒藏了起来，等待乙公司付款。

“40多天了，无论我们如何跟丙公司沟通都无济于事，丙公司非要一手交钱一手交货不行。毋庸置疑，丙公司想以此为‘要挟’，逼乙公司付清运费。

“乙公司的加急传真不停发给我们。让我们想尽一切办法劝说丙公司考虑，先将16号和17号塔筒送达风场，交由施工方进行安装以减少窝工损失。

“如果在2012年12月31日前整个风场17台风机不能并网发电，乙公司将不能享受到美国政府关于风场30%投资款（总投资款1.6亿美元）的返还优惠政策，乙公司将损失惨重。

“昨天下午乙公司的加急电稿又发过来了，如果项目亏损，乙公司应支付我们的货款将遥遥无期。我们也是被逼得没有办法。”

“各位领导，事我都听明白了，现在我先简单分析一下法律关系。”我及时接过话。

“一方面，在乙公司不支付运费的情况下，丙公司依法行使留置权，即按照合同的约定占有乙公司的动产，如乙公司不按照合同约定的期限履行付款义务，丙公司有权依照法律规定处置该留置财产，以该财产折价或者以拍卖、变卖该财产的价款优先受偿。

“当然，就塔筒这种特定设备而言，丙公司不能在美国顺利地进行折价或拍卖、变卖得到价款，只能通过‘压货’来对乙公司施加压力，逼其就范。

“另一方面，丙公司在美国的陆路运输是委托美国当地的运输公司进行的，双方运输合同适用的法律应该是美国法律。就当时局势而言，塔筒这种巨型设备需要特种车辆运输，承运方是一家很有实力的知名运输公司，其既不愿卷入纠纷，更不愿为了丙公司的运费长期耗下去，影响其他货运生意。

“虽然长期压货滞留造成的高额滞期费由丙公司承担，但多台运输车辆被占用，会直接影响运输公司承接其他项目。所以说，运输公司应该非常希望尽快‘脱手’塔筒，这一点反而可为我们所用，申请禁令，估计他们不会抵触。

“在此前 3 天，丙公司曾派 2 人前往美国运输现场‘押货’，足见得其对当时货物控制权的担忧。

“就当前局面，我有一个想法，不知各位能否接受？”

“快说来听听。”他们等不得我“卖关子”。

“记得有个朋友曾告诉我，在美国可申请对丙公司的禁令，先将货物运抵风场。这样可避免损失进一步扩大，之后再解决违约问题。

“也就是说，乙公司在短期内难以筹措资金支付运费的情况，先把货物抢回来是为上策。当然，这样做的后果是，乙公司可能面临‘违背诚实信用、与第三方合谋损害一方利益’的指控，被科以相应的法律责任。不知大家能否接受这种结果？”

“什么法律责任？我们已别无选择了。”领导们早已按捺不住性子。“如果再不采取行动，项目可能面临巨额损失，因此，哪怕支付再高的违约金，也不能‘坐以待毙’。”看得出，他们宁可选择以一种违约责任承担换取另一种违约责任承担，两利相权取其重，两害相权取其轻。

“当然，根据美国法律把货物抢回来，具体责任我也不了解，但当务之急，先要‘引蛇出洞’，以验货为名，摸清塔筒放在什么地方，再利用美国法院的禁令将塔筒‘抢出来’。”我解释道。

“哼，他们运输延误违约在先，造成乙公司资金紧张支付运费困难，责任不全在乙公司，舍小取大的策略也是不得已而为之，先取得货物并非逃避付款和违约责任。货物原本是乙公司的，自己提取自己的货物，怎么会给丙公司扩大损失，运费是运费，塔筒是塔筒，两回事。占着乙公司的塔筒算是怎么回事。先要回塔筒再说。”

事不宜迟，客户立即通知了乙公司，尽快委托美国律师按照美国法律去“抢回”货物。

让丙公司没有想到的是，乙公司委托美国律师向当地法院顺利申请到法院禁令，责令美国运输公司于 2012 年 12 月 8 日前将 16 号、17 号塔筒运抵风场。丙公司派驻美国的 2 位工作人员眼巴巴地看着塔筒重新起运至目的地——乙公司的风场。

幸运的是，经过施工方的加紧施工，乙公司的风场终于在 2012 年 12 月 28 日下午 2 时完工发电，乙公司 30% 投资款返还也最终如愿以偿。

在得知全部塔筒运抵风场后，丙公司惊愕气愤之余，多次致电客户和乙公司讨要运费，无果后于 2012 年 12 月 18 日向青岛某法院起诉，要求支付拖欠的运费（418 万美元）及违约金 72 万美元。乙公司反诉要求丙公司赔偿其迟延交货造成的工程窝工损失 240 多万美元。

后经过我与丙公司的多次谈判，最终丙公司同意调解，赔偿乙公司 91 万美元，并放弃逾期付款违约金的追偿，最终乙公司支付丙公司运费 327 万美元，了结本案。

现在回想起来，就当时的困境，如果不能审时度势，帮助当事人果断采取措施，僵局不能及时被打破，乙公司不及时“抢”回塔筒，就不能如期申请到 30% 投资款返还，项目巨亏，可能就无力支付丙公司的运费，最终的结果只能是当事人各方鱼死网破、两败俱伤。

因此，这种打破常规采取的非常措施，也是“两害相权取其轻”，虽然可能面临法律责任，在非常事件中也是不得已的“另类”选择。

每一起棘手案件都需要律师想出突破的点子，否则，承接不到案源，即便承接了也不能取得满意效果。

“文章不厌千回改”，律师的方案也要做到这种状态，才能见到精彩。只要案件还没有最终结果，执行的方案都不应是最终的、最佳方案，没有最好只有更好的方案。

养兵千日用兵一时，每一份出奇制胜的方案都是日常锤炼的结果。对不同方案保持警惕，才能保持自己的独立性。要探寻不同的方案，就要不断相信、不断怀疑、不断否定、不断重建，不成为偏见的附庸，同时也要鼓励团队成员不同观点的对抗，从而明辨事理。

律师要在每个方面日日精进，有勇更善谋，吹尽黄沙始见金。借债还钱的案子，通常事实比较清楚，往往很难展现律师独辟蹊径的办案能力，而有些特别疑难的案件，如关于合同中某词语或某条款理解发生重大歧义的案件，恰恰是最能见得律师的真实功底。

法律知识是律师立身之本
但仅靠法律知识
却不足以抵挡风雨

如果律师没有研究能力，不能够从这些纷繁复杂的关系中抽丝剥茧、理出思路，估计也不能赢得客户的委托或者赢得案件的胜诉，所以，疑难案件是区分大律师与普通律师的“试金石”。

沟通之道

在这起案件办理中，我曾多次与客户以及丙公司进行过交流。兼顾各方利益，把话说到点上，击中当事方的痛点，至关重要，特别是在谈判艰难时，怎么紧而不崩、求同存异，最终达成一致，确实不是一日之功。

我在读大学时，学校正兴起演讲风，很多人开始学习演讲的知识来提升自己的口头表达能力。《演讲与口才》月刊也顺势推出，在 20 世纪 90 年代非常流行。而如今，在互联网时代，文字替代了人们本能的发声，很多人懒得说话，说的能力正在慢慢退化。

时至今日，我时常收听当今美国比较流行的 TED 演讲，演讲者能用几分钟讲述一段故事或者人生感悟。每段演讲的逻辑性极强，且短小精悍、观点明确，很值得律师模仿、学习。

另外，与 TED 视频类似的演讲非常多，可以模仿、学习。例如，国内演讲视频平台“一席”“二更”等，我都会去认真收听，甚至把它下载下来，反复收看，学习演讲者是如何开头、延伸、收场，对比自己演讲的录像找不足，有意识地改进提升。

我为何如此看重口头表达？一方面，客户在与我们交谈的短短半小时甚至一小时的时间里，会根据律师的谈吐来决定要不要委托，蹩脚的谈吐可能会错失客户的委托；另一方面，律师跟法官直接见面的机会越来越少，庭审的时间非常有限，要在短短的庭审时间里去说服法官,如果不能清楚表达观点,将会错失说服法官接受自己观点的机会,律师作用得不到发挥。再如，在案件调解时，听懂双方诉求，并能及时讲解解决方案，既需要耐心，又需要良好的沟通技能。

执着之念

要想确保案件在自己的掌控之中，还要有锲而不舍的精神。

当客户把自己的难事交给律师的时候，他相信律师就和《致加西亚的一封信中》的主人公罗文一样，会把信（案件）送到目的地（维护客户的最大利益）。

当美西战争爆发后，美国必须立即跟西班牙的反抗军首领加西亚取得联系。加西亚在古巴丛林的山里，没有人知道确切的地点，无法带信给他，但美国总统必须尽快地获得他的合作。

这时有人对总统说，有一个名叫罗文的人，有办法找到加西亚，也只有他才能找得到加西亚。他们把罗文找来，交给他一封写给加西亚的信。

那个叫罗文的人，拿了信把它装进一个油布制的袋里封好，吊在胸口，划着一艘小船出发。四天之后的一个夜里，罗文在古巴上岸，消逝于丛林中，接着在三个星期后，从古巴岛的另一边出来，徒步走过一个危机四伏的国家，把那封信交给了加西亚。

最有意思的桥段是：麦金利总统把一封写给加西亚的信交给了罗文，而罗文接过信之后，竟然没有问“他在什么地方”就出发了。

这本书在世界各地被翻译成多种语言并不停地出版，成为众多企

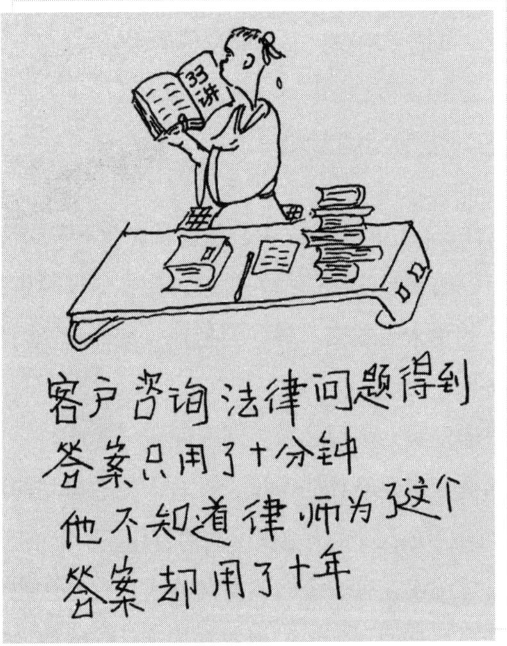

客户咨询法律问题得到答案

只用了十分钟

他不知道律师为了这个答案

却用了十年

业的培训教材，主要是因为这个故事传递了一种精神：接受重托，使命必达，不达目的绝不罢休。

做律师，也应该学习罗文，只要接下案件就接下一份重托，不达目的，绝不罢休。只有竭尽全力为当事人争取利益，才可能获得一个理想的结果。当然，不能为了达到目的而不择手段，因为一旦触犯法律，不仅仅是毁了律师自己，也把客户的利益给毁了，所以，对律师来说，要依法积极去争取合法利益，这种努力表现在法庭的辩论中、在证据的准备中、在为客户出差的路上等，要不辞劳苦、事无巨细地去为之奋斗。

执业十七年，有的时候睡着觉会突然梦醒，惊得一身冷汗，想到某起案子是不是过了诉讼时效；有时候吃着饭会突然放下筷子跑到电脑前查阅文件，担心代理词遗漏了某个观点；有时候跟别人聊着天会突然笑起来，因为考虑多日的难题，茅塞顿开、豁然开朗。

回想过去代理过的案件，没有一条胜利的路是平坦的。有时候，我们团队是经历失落后，又打起精神来坚持向前走；在栽跟头后，又咬牙再爬起来；本觉得没希望的案件，我们咬定不放松，竟然逆天大胜。我们的心情经常跌宕起伏：揪心—小喜—再揪心—狂喜。

2019年年底，曾经有一位外地客户A公司找到我们，希望能帮忙清收欠款，我听完他们的情况介绍就直接回绝了。但客户并不放弃，三番五次地来找我们，讲企业如何困难，希望能帮他们一把。

我们当然不是放着有案不做，但他们的案件像烫手的山芋，确实不容易做出效果。

他们的债务人B公司仅有的优良资产是某合同项下对Y公司的应收账款，但又质押给C资产管理公司，并在中国人民银行征信中心官网办理了质押登记。在这种背景下，他们想要从中“抢得”应收账款，谈何容易？

最后，我们为客户的诚意所动，只答应帮助他们跟踪一下应收账款的变动情况，一旦有可乘之机，就联系他们承办。

一开始，我们仔细地核对了中国人民银行征信中心登记的信息，并通过网络检索就相关项目进行了核对，很失落，无空可钻！

大致情况是：C资产管理公司向D公司出借本金11亿元，为此，质押D公司某合同项下对Y公司的应收账款，还质押了B公司某合同项下对Y公司的一笔4000万元的应收账款。C资产管理公司是国内老牌专业公司，质押手续通常是无懈可击。

在A公司找我们洽谈后不久，C资产管理公司在某法院起诉D公司和Y公司还款，并要求对应收账款行使优先受偿权，但其在起诉状中竟然没有列B公司为被告！

此时，我们如虔诚的教徒开始祈祷，希望C资产管理公司的诉讼会有疏漏，让我们捡个便宜。那时的我们，如同输球的队员盼望对手遇到更强劲的对手而大比分输球一样，期盼神来之力。

C资产管理公司与D公司、Y公司的诉讼开庭时，我们派人前去旁听了庭审。

Y公司在庭审时抗辩称，质押登记中有一笔应收账款登记错误，与事实不符，该笔应收账款对应的合同主体原本是D公司和Y公司，但在质押之前，D公司已经将该合同权利义务转让给B公司，该合同项下的应收账款已经不属于D公司，在未征得B公司同意的情况下，D公司对该笔应收账款进行质押登记应属无效！

我们为之一振，天助我也，质押登记真的出现了错误！

但该事实仅是Y公司的一面之词，C资产管理公司矢口否认，我们的心又一下子提到嗓子眼，质押登记错误最终是否被法院认定，尚不得而知，我们又开始担心是不是空欢喜一场。我们只好焦急地等待着法院的判决结果。

漫长的等待之后，一审法院认定B公司的应收账款质押登记有效。

燃起的希望之火因此熄灭。我们除了祈祷二审法院改判外，无计可施，毕竟我们只是别人诉讼的旁观者。还好，Y公司不服一审判决提起上诉。

经历漫长的原告被告的“拉锯战”后，二审法院最终认定B公司的应收账款质押登记无效。

B公司的应收账款设定的质押权被判无效，提起代位权诉讼的障碍被消除了，事不宜迟，我们联系A公司，代位起诉Y公司！

皇天不负有心人。我们最终赢得了代位权诉讼的胜利，并为A公司成功讨回欠款。

律师看似是一个自由职业者，其实并不自由，因为需要我们把整个身心浸泡在客户的事务中，不能自拔。

心得

俗话讲，艺高人胆大。律师办案能“化腐朽为神奇”，能达到出神入化的境界，当然少不了磨炼技艺的坚持，不达目的绝不罢休的果敢。律师也只有全身心地投入案件中，紧紧抓住问题不放松，才能以无厚入有间，游刃有余。

庭审没有彩排

客户的未来攥在手上，一旦错失，

没有可以重来的机会。

2004 年 5 月，我作为开发商代理人参加了一起房地产买卖合同纠纷案件。

原告（房屋买受人）诉称，因被告开发商在商品房买卖合同订立后，在未告知买受人的情况下将该房屋抵押给第三人某银行，根据最高人民法院《关于审理商品房买卖合同纠纷案件适用法律若干问题的解释》的规定，其请求撤销商品房买卖合同、返还已付购房款及利息、赔偿损失，并请求开发商承担已付购房款一倍的赔偿。

庭审发问阶段，轮到我向原告代理律师提问。

“买房对老百姓来说，是一件大事。原告作为买房人，在买房时没有查询房屋抵押情况吗？”

“没有查询，也不知道房屋已经抵押给银行。”原告律师对我的提问很警觉，估计他是担心，一旦承认“明知房屋抵押购买”而不能再要求退房。

“既然没有查询，原告在诉状中称被告房屋抵押给银行，又从何而来？”

“原告和丈夫在2002年6月去市房产交易中心查询过，了解到案涉房屋已经抵押给农业银行青岛某支行。”对方律师回答道。

“我的问题问完了。请法庭记录在案。”

我提问的目的达到了：原告知道房屋抵押事实距起诉时已经超过一年的合同撤销除斥期间，其已经丧失了合同撤销的权利，不能请求撤销房屋买卖合同，当然其他诉讼请求也将成为“无源之水”而被驳回。

或许，原告律师在庭审后会意识到他的回答将案件引向了危险的境地，但为时已晚，庭审无儿戏。

我提问时没有直接提出自己的重点问题或直接切入主题，就是为了防止对方有所警觉而拒绝回答或者说假话，所以开始从一些无关紧要的小问题出发，慢慢诱敌深入，最后击中要害，得到满意的答案后及时撤出，防止对方察觉之后改口。

实际上，对于大部分的律师发问而言，是明知故问，即律师心中已经有答案，是希望从对方当事人的口中将该答案当庭说出来，以引起法官的注意。如果律师自己不知道答案或者知道答案对自己不利就不要发问，否则容易提醒对方或者法官。如果在发问过程中，

原被告唇枪舌剑

不是为了说服对方

而是为了说服裁判接受自己的观点

对方当事人的回答没有按照我事先预先的那样，我会立即停止发问。

我没有直接发问“什么时间知道的抵押事实”，而是“轻描淡写”地询问了其他很多问题，将该问题混入其中“诱敌深入”，而后抛出撒手锏，让对方猝不及防。

庭审应当是律师诉讼代理的一个非常重要的环节或者过程，是法院查明事实、当事人充分表达观点的最关键环节。庭审是法官对审理案件（包括律师）的第一印象也可能是最终印象，因为很多案件的公开庭审只有一次，如果律师不能抓住庭审机会充分展示证据，且去说服法官接受自己的观点，那么律师就没有起到专业代理的作用。

庭审之机遇

庭审的两个小时、一上午的庭审机会，一旦失去了，就和演员在舞台表演一样，表演已结束，舞台的大幕不再为自己拉开。

如果把打官司形象地比喻为“拼图”，那么庭审就好比是让律师通过不同的证据展示“拼块拼接”最终再现事实的过程，律师就要在有限的时间内（庭审阶段）完成“拼图”，否则，法官就看不到“全图”（事实），就有可能作出对当事人不利的判决。

北京人民艺术剧院的经典剧目《茶馆》，有很多知名话剧演员参演过，他们台前幕后一丝不苟，很多演员哪怕只有几句台词，也会早早地候在场外。其实，律师庭审与演出非常相似，要想在法庭上演得出彩，法庭外的每个细节都要一丝不苟。

每次成功的庭审就和考试一样，自己准备充分，就会很自信地坐在法庭上，甚至有“表演”的欲望，跃跃欲试，反之就会忐忑不安，如坐针毡。

我曾在代理一起代位权诉讼案件中遇到过这种情况（注：该案发生在《民法典》实施以前，《合同法》依然有效）。本案中债务人被列为第三人，次债务人是被告，我代理的原告是案件的债权人。在济南市中级人民法院诉讼。庭审中，债务人代理律师提出应该列债务人为本案被告，而不是第三人。他为什么要求自愿做被告呢？因为按照最高人民法院指定管辖文件要求：凡是涉及债务人为被告的案件应移送到债务人所在地（杭州市中级人民法院）审理，而债务人为第三人的案件不在移送之列。

此时该如何应对？如果我对该事项没有做过研究或者没有考虑过，只能说第三人的主张缺乏法律依据，但可能说不出所以然。如果做了充分的准备，可能就会对答如流，庆幸的是，我准备了，我扒拉着手指头，娓娓道来：

第一，最高人民法院《关于适用〈中华人民共和国合同法〉若干问题的解释（一）》第十六条第一款规定：“债权人以次债务人为被告向人民法院提起代位权诉讼，未将债务人列为第三人的，人民法院可以追加债务人为第三人。”因此，根据司法解释的规定，代位权诉讼中债务人应该被列为第三人。

第二，选择由谁做被告，是原告的权利，本案中原告不选择债务人做被告，法院或债务人无权替原告选择被告。

第三，本案诉讼请求并没有要求债务人承担责任，债务人只是无独立请求权的第三人，参与诉讼的目的是查清事实，不具有列为被告的前提。

为了准备开庭
知道了凌晨四时
冷米饭的滋味

第四，法律没有规定代位权诉讼中债务人应列为必要的共同被告，本案不属于法定的必须列为共同被告的情形，所以债务人无须与次债务人作为共同被告。必须列为共同被告的情形由法律明确规定。比如，《继承法》明确规定，其他继承人没有起诉要求分割财产的，可以要求作为共同被告，这属于法定必要的共同被告的情形。

我发表完上述意见后，主审法官当庭驳回债务人的申请或主张，案件仍留在原审法院审理。如果律师不能讲清楚，主审法官又对此没有研究或者没有审判经验，有可能就按照最高人民法院指定管辖文件移送到第三人所在地的法院审理了。

由此，我的感悟是，庭前准备得细致还是不细致，庭审效果会大相径庭，恰恰是因为及时地准确地回应了债务人的主张，才获得了法官对于律师业务水平发自内心的赞赏。

律师参加庭审的目标是说服法官接受自己的观点，获得法官对律师专业能力的敬重。如果法官对律师的学识都看不上，那么他对律师的代理观点也不会重视，律师想说服他接受自己观点的难度就会加大。

有时候，代理案件的诉求是合理的，最终也得到了判决的支持，但可能是基于法官自己对于案件的独立判断，而不是基于律师的代理意见。这种情况下，即便律师没有发挥作用，案件也会胜诉。但是绝不能反过来，只要案件胜诉了，就是律师的功劳。律师有没有功劳，当事人有时候也不知道，而律师内心最清楚。

因此，在庭审中的每一步都应该显示自己的专业水平，才能收到良好的效果。天下没有白费的功夫，台上一分钟，台下十年功，庭审亦如此。

为了庭审，在接手案件的时候，收集证据一定要全面细致。无论是做原告还是被告的代理人，只有充分掌握证据，才能够对事实的每个细节了如指掌，才能用足用活手中的证据“武器”。

2005 年 6 月，某法院法庭，我作为被告代理人参加庭审。

案情相当简单，是货物买卖合同纠纷。原告作为供货方，与被告签订了五份合同，供应产品为船用电机，五份合同同步履行，分阶段付款，每份合同项下欠款数额不等。原告起诉时，并未将欠款归集到某份合同上，而是按照五份合同分别立了五起案件。

其中一份欠款数额为 230 万元的买卖合同案件首先开庭，该份合同总价款为 1200 万元，原告已经全部交货，并开具了全额发票。

庭审开始，原告律师宣读起诉状，轮到被告答辩，我的抗辩点是该合同项下货款全部付清。

举证开始，对方提交了买卖合同、供货单、发票。

轮到我举证，我提交了银行付款凭证，汇款到原告账户的总金额 1200 万元。

原告律师质证：“我们对银行付款凭证的真实性、合法性没有异议，但其中有 230 万元的付款系其他合同的付款，非本合同项下的付款。”

法官按捺不住，问对方：“朴律师，有何证据证明其中的 230 万元不是本合同项下的付款？”

“审判长，其实这些账目，被告应该基于诚信，遵照事实予以认可，不需要原告举证。欠债还钱，天经地义。”

“原告代理人，谁主张，谁举证，请不要跑题，回答本庭的问题。”

“审判长，确实是这么一回事，230万元是其他合同项下的付款，我们在贵院共立了5起案件，付款有交叉，是其他案件的付款。”主审法官皱了皱眉头。

“朴律师，有其他合同交叉付款的证据吗？或者说，你认为230万元是哪个合同项下的欠款？”

“这个我需要查一下其他合同履行情况。”他开始翻阅手头的材料。

“审判长，我不能确定230万元是哪个合同项下的付款，但他确实不是本案合同项下的付款，我们会在其他案件中举证证明，本案好像……好像不需要提交证据证明。”朴律师回答有点磕巴，好像有点乱了阵脚，估计他的额头已在冒汗，他确实很难说清哪份合同项下的付款，因为被告的每一笔付款都没有标记。

“如果没有证据证明，要承担举证不能的后果，这一点，你是律师，本庭不再提醒。被告已举证证明本合同项下付款已付清，你还有补充吗？”

法官的提问和释明，分明是在表明一种倾向性的态度。

“没有了，唉，真没想到，法庭上被告又不按双方原先认可的对账方式来对账。”朴律师边摇头边嘟囔着。这种局面可能超乎他的预料，想必他也预感到案件的可能结果——诉讼请求被驳回。我刚要沾沾自喜，庆幸狡黠得逞。

“被告律师，到底付款情况是什么样子呢？”法官又向我提问。

“就本案而言，因为双方从未对过账，双方记账不同，难免会有出入，原告主张应原告举证证明。”我回答道。

最刺骨的风
是裁判者把自己的
代理意见当成耳旁风

律师不可以对法庭说谎，但什么也不说却是律师的权利，也就是说，律师不能有意对事实作出错误的叙述或者隐瞒已经存在的事实，但可以不予回答，这是已经被公认的律师行为准则，遵守这一行为准则会为律师带来许多好处。

或许，朴律师太过于大意，没有考虑合同同步履行，分阶段付款可能带来的付款重叠或双方记账不一致的问题，而被我“打”得措手不及。

在这个时候，如果他把合同履行情况制作一张明细表，把合同编号、名称、合同标的额、付款数额、时间等一一列明，让法官一目了然，迅速了解诉争合同项下的欠款数额，并把其他合同的证据一并提交，就不会被我轻易地“移花接木”了。

在庭审中，律师有时也许可以侥幸骗过法官，法官不会刻意地去考察律师的品行，但出于他的经验，他自会有判断真伪的方法。一旦他发现了某位律师有意歪曲事实或者试图欺骗他，法官将永远对这位律师持有很坏的印象并且将永远对他持警惕的态度。

优秀的代理律师是那些使法官产生信任的律师，他们能使法官确信：信任他们是绝对安全的。获得法官的绝对信任，这件事的必要性和好处，我懂得。

作为被告的代理律师时庭前的准备也大致相当，但是因为被告是被动参与诉讼，所有的准备工作要基于原告的诉讼请求、证据而展开。

有的时候，原告为了证据突袭，起诉时提交的证据比较少，开庭的时候又补充了大量证据。在这种情况下，作为被告的代理律师，如果代理的是二审案件，一定要提前阅卷，了解相关事实、证据状况。

如果代理的是一审案件，尽可能地跟法官沟通，让法院督促原告尽早提交全部证据，给律师留出更多时间做准备。能否从原告的证据清单里看出可能隐藏的证据、可能提交以及未来要提交的证据，这个只能看律师的经验。如果原告提交法院的材料非常少，如只有一份合同、一宗发票，而有些关键的证据没有提交，在这种情况下，作为被告代理律师要提前设想和论证，并准备相应证据。

对于被告律师来说，自己是在暗处，而对手是在明处，原告可以有所取舍地提交证据，而且原告往往了解被告的情况，起诉前原告已经进行了较长时间的准备，原告和律师之间有更长时间研讨和论证。

被告往往是收到法院的传票才开始准备应对。对被告代理律师来说，案件准备时间较短，客户也往往很急切地需要律师做案件设想和论证。另外，通常来说，被告往往是没理的，防御性的抗辩证据可能比较少，找到"逃避责任"的理由比较难。

原告提交的起诉状往往只从宏观层面讲事实和法律依据，细节并没有展开，能一句话带过的绝不深入论证，与国外律师写的诉状内容相比，简单得不能再简单。所以，对于被告代理律师来说，想从起诉状获得充分信息的难度比较大。被告代理律师毕竟是防御性的，原告属于进攻性的，且看上去非常有道理，所以，被告律师想发现起诉状背后的问题就得慧眼识珠，必须有特别的洞察力。

在案件研讨过程中，倾听团队律师的意见非常重要。俗话说得好，三个臭皮匠，赛过诸葛亮。鼓不敲不响，理不辩不明，律师之间的学术讨论非常必要。哪怕团队里面年轻律师提出的意见和发现，都可能有启发作用，律师通过"头脑风暴"可能撞击出新思路、新发现。所以，团队办案，群策群力，大有裨益。

心得

法庭上的较量，比拼的不仅仅是学识，更是智慧。庭审是一场闭卷考试，律师不知道会出什么样的试题。他能做的，就是一丝不苟地扎实备考。案件能在庭审中胜出，关键是庭前的精心准备——证据和法律研判。

“魔鬼”藏在细节里

地雷被挖掉还是人被炸掉？发现决定命运。

2001 年 7 月，河北三河燕化公司（以下简称燕化公司）准备与北京金晟房地产开发有限公司（以下简称金晟公司）合作开发紫宸苑住宅小区项目。为查清对方底细，燕化公司聘请北京市某律所作为法律顾问展开调查。

在一番审查之后，该律所作出了结论：项目确实在金晟公司名下。燕化公司以此结论向金晟公司支付了 1 亿元项目转让费，买下了紫宸苑住宅小区项目。作为对法律顾问的回报，燕化公司向该律所支付了 100 万元的律师费。

2002 年 5 月，燕化公司惊讶地发现在紫宸苑住宅小区项目的土地上，另一家公司已开始施工建设。燕化公司展开了紧急调查，发现金晟公司根本不是紫宸苑项目的所有人，燕化公司拱手交出的 1 亿元被人凭空骗走。

2004 年 12 月 13 日，北京市第二中级人民法院一审判决，因为律师失职导致客户被骗走 1 亿元资金，3 名律所合伙人被判令共同赔偿客户 800 万元损失，并返还 100 万元律师费。

这个亿元骗局其实并非天衣无缝，但燕化公司花百万元请来的法律顾问律所却没能识破。按规定，从事房地产开发，首先要取得房地产开发用地的土地使用权；房地产开发企业也要按照资质等级，承担相应的房地产开发项目。但该律所既没对紫宸苑项目用地的土地使用权状况进行审查，也没对金晟公司是否具有资质等级进行审查。在燕化公司被骗之前 1 个月，金晟公司的 3 家股东公司就一致声明退出紫宸苑项目，并已向朝阳区计划委员会递交了终止项目开发的请示。律所仅仅依据失去效力的北京市计划委员会批复，就认定了金晟公司仍拥有紫宸苑项目。

上述案例为律师的尽职调查以及其他业务敲响了警钟，律师的工作事无巨细，稍有闪失，后果不堪设想。在尽职调查工作中，律师的最大风险是没有查清或没有写明，导致没有尽到职责。

我也曾遇到类似的陷阱，好在及时发现，才未酿成大祸。

某客户拟收购某民营热电厂，委托我们进行尽职调查。该热电厂原本位于城市郊区，但后来随着城市的迅速扩张，热电厂所在地成了主要城区地段，土地价值陡增，且因环境污染严重，市民要求外迁的呼声日高。

客户收购该热电厂，最终的目标自然是冲着热电厂土地背后的巨大收益去的。如果企业外迁，土地开发，土地出让金的70%将返还热电厂。当然，这些都藏在客户的心里，表面上还是冲着企业股权来的。

尽职调查开始，热电厂给我提供了房地产权证的复印件，又出示了房地产权证的原件。我核对完毕，开始还在犹豫要不要到土地部门去核查房地产权证的真实性。热电厂属于20多年企业，在当地也小有名气，做事应该会规规矩矩，不会提供虚假材料，房地产权证也没有任何纰漏。

但鉴于客户对该宗土地的特别关注，我还是到了当地房产部门对热电厂的土地状况进行了核查。结果是：该宗土地系集体土地，权利人系某城中村，尚未办至热电厂名下。

我急忙与热电厂对质，热电厂工作人员竟说，企业在开办时就已经与村子里协商好的，要办土地证，只不过我们提前“办”出来了！

这哪是提前“办”出来的，明明就是伪造房地产权证。

我当时惊出一身冷汗，如果不去房产部门去核实，待客户收购完成，再发现土地真实状况，我也将“万劫不复”！

尽调之价值

在律师职业生涯中，法律尽职调查是一项基本工作。在合作方资信调查、项目收购、公司上市等案件中经常需要聘请律师进行法律尽职调查，供交易、收购或上市时参考使用。这是一项律师冒着风险帮助客户发现风险的工作，如果律师不能发现风险，反过来，就是律师的风险。

法律尽职调查是交易的保障
但目标却是为交易泼冷水

律师参与法律尽职调查，可以协助当事人判断该业务是否具有可行性、是否具备实现的可能性以及存在的法律风险，从而为当事人参与谈判提供筹码，也为当事人决策提供依据，是交易过程中必不可少的前置程序。

相对于传统的法律尽职调查而言，合规方面的尽职调查逐步纳入法律尽职调查范畴，特别是中兴通讯公司在美国受到处罚后，合规尽职调查成为很多大型企业必须开展的工作。

虽然传统的法律尽职调查能够对目标公司的整体治理情况和基本法律风险予以评估和提示，但其关注点往往侧重在整体合法合规性或合同担保、关联交易等民商、证券相关的法律事项方面，而对目标公司的刑事、行政、商业贿赂等合规事项尽职调查关注程度不够。从合规角度讲，有效识别目标公司的刑事、行政合规隐患也显得尤为必要。

在传统尽职调查中，一般多由目标公司先行披露，再由尽调律师根据披露数据逐一进行核实，如果目标公司披露信息不足、不实，则往往造成相关法律信息不对称，从而导致尽职调查结果不完整或不准确，继而导致项目的终止，甚至给相关机构和投资人造成巨大的损失。

在这种意义上讲，律师的尽职调查是冒风险的工作，为了帮助客户发现风险，自身也要承受未能“尽职”的风险。人在江湖飘，哪能不挨刀。就拿公司上市的尽职调查来说，因为引用其他中介机构资料或结论而未进行独立核查，或者审慎度不够，未进一步核查和验证相关资料或者未发现潜在的重大债权债务风险，最终导致被证监会处罚的律所和律师已不在少数。

尽职调查律师的风险点在哪里？项目的法律风险没有被发现，而项目却发生了交易，这种情况最危险。如果项目虽经过法律尽职调查，但最后因为其他多种原因而没有交易，通常不会有风险，因为法律风险没有显现，项目因为终止而问题没有暴露，律师反而没有风险。这好像买房子一样，只要交纳了房款，房子的风险就来了，如产权问题和房屋质量问题。但是，如果不买房，即使有问题也与自己无关。

有些律师做了大量的尽职调查业务，从未出现风险，可能与项目最终没有做下去有很大关系。尽职调查报告在项目收购以后，就是对项目的背书、保证，一旦出现问题，尽职调查报告就是追究律师责任的有力证据。

比如，前面800万元赔款的案例，律师认为产权没有问题，但等客户支付转让款后发现问题，必然会来找律师索赔，这也是律师不得不投保职业险的原因。一旦造成损失，不用说规模小的律所赔不起，就是规模大的律所也赔不起。所以，我接手尽职调查的业务后，会认真细致地去做，不敢大意，避免因盲目自信出问题。

尽调之险恶

魔鬼往往藏在细节里。俗话说，买的不如卖的精，也就是说，被调查的目标公司肯定要极力地去“伪装”自己，让收购方感觉其“物有所值”，必然要隐藏公司不利的事项，夸大公司有利的事项。在这种情况下，律师的尽职调查就要刺破“伪装”，披露真相。但是，律师在明处，被调查的目标公司却在暗处，要想发现目标公司的“坑”，律师就要怀着“挖地雷”的心态，挖不好随时献身的准备，才可能慎之又慎，而不仅仅是派几名年轻律师去查查工商登记、涉诉信息就万事大吉。

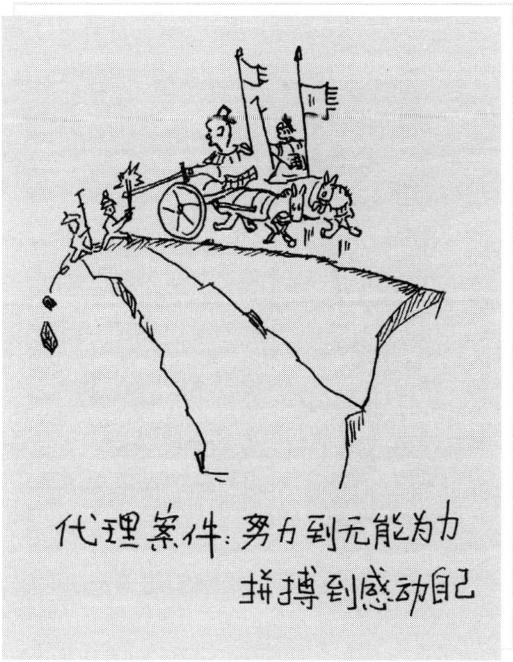

代理案件：努力到无能为力

拼搏到感动自己

案 件 研 究 越 深

发 现 问 题 越 多

胜 诉 可 能 性 越 大

所以，为了防范风险，到目标公司的现场进行常规调查还远远不够。针对不同行业的尽职调查，要尽可能了解该行业特点以及交易事件，要跟客户面对面交谈了解他们关注的问题以及对尽职调查的要求。

隔行如隔山，毕竟客户比较了解行业状况，律师要向客户虚心地学习，了解行业收购中容易发生的问题，然后再去调查的时候就会有的放矢。比如，关于保险公司的股权转让，银保监会审批原则是什么，允不允许保险公司的股权代持，允不允许企业借钱投资保险公司股权等，这些都是投资保险公司的“坑”。如果不了解这些特殊情况而按照传统的尽职调查方法进行调查，可能就发现不了问题。

我曾经接触过一起保险公司股权转让的案子，A 保险股份公司业务发展不错，拟增资扩股，B 公司想参股。而以 A 公司的发起股东 C 公司名义购买可以享受内部价，一股 1 元（外部价格购买一股 1.2 元）。B 公司就通过 C 公司的名义购买了 1.5 亿股，并支付 2200 万元给 C 公司作为好处费。两家皆大欢喜。交易之前，需要做简单的尽职调查。

经调查，A 保险公司存续，且经营状况良好，增资扩股的事项有银保监会的批文批复为证，确有其事。C 公司确是 A 公司的发起股东，且拥有大量 A 公司股份。于是，B 公司与 C 公司双方签订了股权转让协议。

2014 年 B 公司起诉 C 公司要求将股份变更至自己公司名下，但截至 2020 年 1 月，B 公司仍未持有 A 公司的股份。

尽职调查的问题出在哪里？按照 A 公司章程规定，发起股东享有增资扩股的优先认购权，且股份转让需要经过董事会决议；按照《保险法》第八十四条的规定，超过 5% 股权转让需要经过银保监会的批准。律师尽职调查时并未认真研读 A 公司章程，也未按章程的规定向发起股东以及董事会就B公司认购的股份可行性进行求证，更未就原保监会《保险公司股权管理办法》（2014年修订）第七条、第八条关于保险公司股东准入规定的用非自有资金购买公司股份、不代持保险公司股份以及其他条件进行评估。

出乎意料的是，除C公司之外的其他发起股东对C公司提起诉讼，并将B公司列为第三人，要求确认B公司与C公司的股权转让协议无效，理由是：以合法形式（假借发起股东名义购买）掩盖非法的目的（以内部价购买股份），变相地侵犯了其他发起股东的优先认购权利。

而且，银保监会因C公司违规代持B公司股份而撤销保险公司增资扩股的股份，即转让的股权因履行不能而搁置至今。虽然当事人没有追究律师尽职调查的责任，但是B公司在支付1.72亿元后，既没有得到股份，也没要回投资款，造成了重大投资风险。

再举一个例子。业内备受关注的欣泰电气首次公开募股（Initial Public Offering，IPO）造假一案，将律所和律师在证券业务尽职调查中的高风险展现得淋漓尽致。

2011年至2013年，欣泰电气通过外部借款、使用自有资金或伪造银行单据的方式虚构应收账款的收回，在年末、半年末等会计期末冲减应收款项，每期虚构收回应收账款约7000多万元至2亿元不等。

其在IPO申请文件中相关财务数据存在虚假记载，最终被认定为欺诈发行，成为国内证券市场第一家因欺诈发行而退市的上市公司。其后，证监会对欣泰电气IPO申报过程中参与的三家中介机构开出“罚单”。

心得

律师的工作，犹如冲锋在前的战士，为客户探雷挖雷，护卫客户安全脱离险境。但如果不注意防护，也将牺牲在未被挖出的雷坑里。

铁证里寻找破绽

破绽是上帝留给执着者的一扇窗，让他看到生机。

当轿车经过黄河大桥时颠簸了一下，我意识到，马上就到石油之城——东营了。

这座伴随胜利油田开发而兴起的沿海城市，当年被称为“黄河明珠”，但随着石油的枯竭以及石油大学东迁青岛，光环似乎也不再那么耀眼。

我无暇顾及车窗外漫山遍野的抽油机和芦苇，思考着东营的这家客户为何如此神秘，不能将有关诉讼材料提前交由律师而选择面谈。

我带着助理到达客户的会议室，六位领导正襟危坐于会议桌对面。

在主持人隆重介绍了各位领导的职务后，公司负责经营的于副总开始介绍案件的重要性，随后，销售部张主任开始介绍案件的实际情况。

“这件案件标的额有三千万元左右，虽然是我们下属单位（环保公司）的官司，但是因为可能涉及某些领导不正当履行职务行为给公司造成重大损失，所以该案的成败，对集团来说事关重大。为了查证案件的事实，我公司也曾向公安机关报案，公安机关也进行了侦查。希望您能够充分认识到本案的重要性。目前该案件一审败诉，二审能否反败为胜，对我们很重要，我们真的输不起。”

我表情严肃地对着总经理微微点点头，表示自己会认真对待这桩诉讼。

销售部张主任通过PPT介绍案件的具体情况：

2015年3月，原告山东某经贸有限公司（以下简称经贸公司）在山东省东营市中级人民法院起诉被告东营某环保技术有限公司（以下简称环保公司）、第三人东营市某燃料有限公司（以下简称燃料公司），要求环保公司支付煤款2677万元并支付相应的利息。

原告诉称，2011年3月10日、7月20日双方分别签订两份《煤炭买卖合同》，约定经贸公司向环保公司出售煤炭，同时对价格、质量、运输等事项作了约定。合同签订后，经贸公司向环保公司指定的收货人交付了3.7万吨货物，合计货款5188万元。环保公司只支付货款2511万元，尚欠部分货款2677万元，经多次催要，一直推诿。

环保公司辩称，其没有授权公司之外的人作为收货人，根据双方签订的《煤炭买卖合同》，经贸公司的供货量仅为1.35万吨，实际收到的煤炭数量为2.6万吨，而非3.7万吨，其仅欠煤款1083万元，并非2677万元。经贸公司称向环保公司指定的收货人交付了价值518.8

万元的3.7万吨货物，与事实不符。请求依法驳回经贸公司的诉讼请求。

东营市中级人民法院一审认为：关于供煤数量的认定：经贸公司送的煤炭2.8万吨，其提交了901份《地磅单》予以证明；送的水煤浆1.23万吨（折合煤炭0.9万吨），提交了344份《货运单》予以证明；两项合计煤炭为3.7万吨。对于上述两宗证据，环保公司均未提出充分的反驳理由和确凿的反驳证据，一审法院予以采信。

最终，一审法院认定环保公司共收到煤炭3.7万吨，应向经贸公司支付煤款2656万元及其利息。

环保公司不服一审判决，决定上诉至山东省高级人民法院。

本案的争议焦点问题是：经贸公司向环保公司销售的煤炭数量是多少。

我边听边思考，初步感觉该案二审改判的难度极大，但我并未急着将这种感觉告诉客户，既来之则安之，应该在充分论证后再下结论也不迟。

本案煤炭价格双方已有约定，只要确定了煤炭数量，欠款数额自然就显而易见。从一审判决的判文来看，原告提交了901份《地磅单》证明供煤数量为2.8万吨；344份《货运单》证明水煤浆数量1.23万吨（折合煤炭0.9万吨），前述两项合计煤炭数量为3.7万吨，按煤价1380元/吨（其中部分单价为1410元/吨）计算的煤款总额为5188万元，与原告的起诉的数额一致。

从环保公司提交的上诉状看，上诉的事实和理由主要围绕公司的业务经办人是否有权决定订货或接收煤炭问题提出的异议，并没有针对煤炭数量的证据提出充分抗辩和提供反驳证据。

我根据自己的办案经验认为，这种传统的买卖合同纠纷，其实没有错综复杂的法律关系，只不过是怎么对账的问题，法院认定的事实通常不会出现问题，二审上诉要从中找到重大瑕疵，无异于“鸡蛋中挑骨头”，难上加难。

没有任何一位将军愿意开始一场不可能胜利的战役，律师也是。我并没有急着表态，我要控制节奏，认真倾听各位“领导”的发言，并时不时在笔记本上做一些记录。

我认真倾听各位“领导”的指示，既是对客户的尊重，也是想从中获得更多有用信息，以便尽快找到案件的突破口。

轮到我讲话的时候，我除了表达感谢和信任外，案件的分析并未展开，我需要客户给两天时间来论证案件，并决定是否接受委托。

两天的时间内，我安排两名助理开始收集与本案有关的所有证据，其中包括：一审诉讼中经贸公司提交的由燃料公司制作的 901 份《地磅单》、344 份《货运单》，还有燃料公司直接提供给环保公司的 672 份《地磅单》。皇天不负有心人，总算有了新发现，环保公司采购经贸公司的煤炭直接交由燃料公司接收并加工成水煤浆；同时，燃料公司也在同期采购了经贸公司的煤炭及水煤浆，且《地磅单》的样式和接受煤炭的经办人与前者相同。

经过对上述近 2000 份证据进行认真细致的梳理核对，经仔细对比燃料公司直接提供给环保公司的《地磅单》（用于结算加工水煤浆加工款）与提供给经贸公司的《地磅单》（用于结算煤款），发现《地磅单》记载的运输车辆信息、吨数等相互矛盾。

更为重要的是，经贸公司在一审阶段提交的 901 份《地磅单》、344 份《货运单》证明的煤炭数量和实际主张的数量差异巨大。其称 901 份《地磅单》（证明煤炭数量为 2.8 万吨）、344 份《货运单》（证明折合煤炭数量 0.9 万吨）合计 3.7 万吨，但实际上，901 份《地磅单》所载煤炭数量为 3.5 万吨而非 2.8 万吨，与 344 份《货运单》两项合计数量为 4.4 万吨，而非经贸公司主张及一审法院认定的 3.7 万吨。也就是说，经贸公司的证据与其主张的事实不符。

至此，我告知客户：同意接受委托，准备证据积极应对上诉。

在二审阶段，我紧紧围绕供煤数量以及相关证据的真实性展开辩驳，以燃料公司提供的 672 份《地磅单》和已结算的煤炭数量统计表一一对应证明其真实性，以原告在一审阶段提交的证据（901 份《地磅单》与 344 份《货运单》）与其主张的数量相互矛盾证明其虚假性。

另外，对由燃料公司提供给经贸公司的 901 份《地磅单》与提供给环保公司的 672 份《地磅单》进行了统计对比，其中 901 份《地磅单》的情况是：3 月 47 车、4 月 47 车、5 月 52 车、7 月 198 车、8 月 126 车，与 672 份《地磅单》完全不相符，相差 157 车近 0.6 万吨，而 9 月 101 车、10 月 253 车、11 月 77 车与 672 份《地磅单》车数相差悬殊，仅有 459 份相符，合计 1.93 万吨。

另外，燃料公司庭后提交书面的情况说明以及其法定代表人与工作人员在公安机关笔录中也承认：提供给环保公司的《地磅单》是真实的，而给经贸公司的《地磅单》是伪造的。

由此，经贸公司提交的证据不能证明其主张的煤炭数量或水煤浆数量，其应承担因举证不能的不利结果。

二审法院认为，根据上诉人环保公司二审提交的新证据（672 份《地磅单》），关于经贸公司向环保公司销售煤炭的数量及价格，一审法院认定有误。故判决：撤销山东省东营市中级人民法院民事判决；环保公司支付经贸公司煤炭款 1163 万元及利息（注：这一部分款项系环

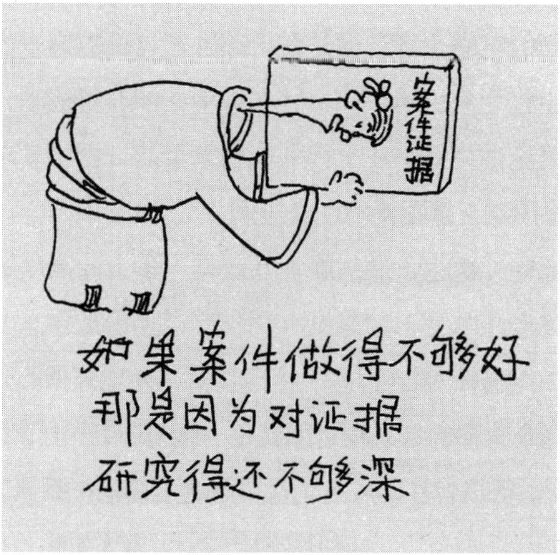

如 果 案 件 做 得 不 够 好
那 是 因 为 对 证 据
研 究 得 还 不 够 深

保公司认可的欠款）。

至此，案件完美收官，我稍稍松了一口气。

证据的准备和质证，是律师代理工作的重中之重，证据审查有丝毫闪失，都可能导致案件功亏一篑。其实，有些案件的代理功夫并不在于法律问题的精密论证，而是在于律师对待证据审查的严谨态度。本案就是其中较为典型的一例，其二审诉讼能获得成功，无关乎对法律问题的艰难论证，只是在于律师能在繁杂的证据中发现破绽，最终使对方的主张因缺乏证据支持而被驳回。

虽然本案绝处逢生，最终胜诉并获得当事人的高度认可，但是我掩卷遐思，又心生唏嘘，如果没有稍稍严谨点的工作态度，在两天的时间里对近 2000 份证据进行逐一梳理核对，发现证据的矛盾、伪造或虚假之处，这个案件的结果极可能就是“维持原判”了。

由此可见，很多案件的成败是律师严谨与疏忽的后果。很多时候，案件的真相深藏在细节里，律师稍有疏忽，当事人便跟着律师承受“蒙冤”的后果，相反地，律师严谨一点，可能就会让真相浮出水面，使当事人的合法权益得到充分保护。作为律师，只有秉持战战兢兢、如履薄冰的态度对待每个案件的细节，才可能不错失每个胜诉的机会。

我的体会是：接手一件疑难复杂的案件，不要先入为主只凭感觉就得出定论。事实是法律评判的基础，不要假设对自己有利的事实和否认对自己不利的事实，要带着怀疑的眼光去核查事实，然后再对照法律规定深入论证、自我否定，直至感觉可以得出结论为止。

卢梭曾说，人之所以走入迷途，并不是由于他的无知，而是由于他自以为知。在东营买卖合同案件中，如果自己“想当然”地认为送货单铁证如山（刚开始我们也确实根据已有的经验想当然地如此认为），

"没有发现"和"发现没有"
可能结果一样，但也可能不一样
不同的做法养成不一样的律师

欠款数额不容置疑，就不会一一核查每份证据的真实性，就不可能取得二审的胜诉判决。

破解之欢喜

危机化解，需要艺高、胆大。律师只有对自己充满信心，当事人才会对他充满信心。当事人在见律师之前会有许多顾虑和担心，有些当事人在见律师时感到非常紧张，他们有时不知道自己碰到的问题有多严重，也不确信眼前的这位律师是否具备救自己于水火的能力。当事人需要在律师那里获得一种信心：眼前的危难是可以化解的。

若是当事人对律师没有好感和信任，他绝不会请律师为其办案，因为律师的工作常常涉及当事人的隐私，不管当事人是公司还是个人，律师吸引当事人的要诀之一，就是要给当事人以信任感，让当事人有安全感。律师的谈吐、举止、着装乃至办公室的装饰都要以达到这一目的为核心。律师的一切活动和安排，都要给当事人一种自信的感觉，给人一种老成持重、稳操胜券的感觉。

任何时候，我都不会忘记：律师职业是一个依赖专业技能的职业，法律技术的复杂性不亚于工程和医疗专业的技术。除非一个人已经完全掌握了一部复杂机器的原理与性能，完全了解如何开动和操纵这部机器，以及在紧急情况下（如发生故障时）如何来应付，否则，任何人都不会把操纵这部机器的任务交给这个人。因此，一名优秀律师的专业技能必须足以让人信赖。

不管面临多么棘手的情况，都不要绝望，律师要证明自己，向当事人证明自己，向同行证明自己，这是一个艰苦但美妙的过程，技能不仅是证明的手段，而且会在证明的过程中不断升华。

面对难度极大的案子，律师要有创造奇迹的勇气。当事人都没有放弃，且对律师充满信任，律师更应义无反顾。常言道，谋事在人，成事在天。事不人谋，何以天成？律师必须秉持积极进取的态度。

奇迹的发生不能失去勤奋的支撑，没有忘我地工作，一切都将停留在梦想的阶段。律师应全身心地关注所办理的案件，关注是一种“神功”，当律师凝神于手头的案件时，头脑便失去了对时间的知觉，而进入一种新境界。

对于每起案件，我的人生信条是，宁可死在追寻希望的路上，也不要因担心没有希望而止步不前。

心得

当一件疑难复杂的案件摆在面前，在弄清案件的关键障碍后，要学会跳出“固有”的、“传统”的观念，独辟蹊径，在未充分论证自己的想法之前，不要轻言放弃，要从别人的思路里“憋”出新招。律师在掌握了娴熟的法律技能后要避免另一种风险，这种风险不是出于对案件法律问题的把控，而是因熟悉案件而想当然的自信。

与时间赛跑

很多希望，只在眼前绚烂闪过，

想要抓住时，它已走远。

A 公司拖欠 B 公司货款 1600 万元，B 公司委托我所代理进行诉讼追讨。

团队律师马不停蹄地制作起诉状和财产保全申请书，但紧赶慢赶，待到法官去房产交易中心查封被告房产时，还是晚了一步，已有江苏某法院抢先查封了 A 公司的房产。B 公司只能作为该房产保全的第二查封人，但根据当地房产市场价估算，房产拍卖，B 公司的货款收回仍然可期。

接下来是诉讼开庭、判决、上诉、维持原判，判决生效后申请强制执行，一切都在按部就班地进行中。

再接下来，我们获知，接二连三有其他的债权人也起诉了A公司索要货款。不久，A公司因财产被查封，关门歇业。

我们按捺不住了，根据多年经验，这不是好兆头。在全国法院“当破则破”的大气候下，企业如果无资产可供执行，随时有进入破产的可能。如此一来，我们客户查封的房产将可能成为破产财产，就会失去第二顺位清偿的权益和意义。

刻不容缓，我们需要推进房产的司法拍卖进度。但2020年突如其来的新冠肺炎疫情，使一切都慢下来，强制执行也不例外。

我们电话联系到房产首封的江苏某法院承办法官，进而找到原告C公司，结果却吃了闭门羹，人家C公司一副稳坐钓鱼台看云淡风轻的不屑，并不理会我们，自己财产首封的还没有急，查封在后的倒猴急起来，没个先来后到。

怪了，他们2500万元的债权，难道他们不担心企业破产失去优先受偿的机会？就这么不差钱，不急着讨回欠款？本想随他们去吧，才懒得管呢。可是为了实现B公司的利益，又不能不理他，因为他们挡住了B公司实现债权的道路。我们只好登门说服C公司，动之以情，晓之以理，让他们尽快启动评估拍卖程序。最后，他们答应了，积极联系法院推进。

但一个多月过去了，江苏某法院始终没有启动现场评估程序，理由是因为疫情不能出差，不看现场就无法启动评估。

两个月过去了，还是没有动静，理由没变。

接下来，我们不停地给法院打电话催促，不是没人接电话，就是不耐烦地答复，说等法院通知。

五个月过去了，我们不能等了，联系 C 公司律师一起去法院找承办法官。

承办法官依然一副百忙之中难以抽出时间的样子，刚挂断其他当事人的电话，就对律师说：“疫情当前，我想加快进程也难，房产在查封着呢，是你的，别人拿不去，不是你的，你想拿也拿不来。急有什么用啥？先这样，我还忙着呢。”

我们急忙解释，担心企业破产，回款无望。法官思忖了一会儿说：“嗯，知道了，我会尽快。”这就是我们从北京赶过来与法官见面得到的一句答复，但没有办法，我还得脸上堆了笑，一个劲地说着感谢。谁让他管这件案子呢，他不抬手推，案子不会自己动。

又一个月过去了，法院还没有行动。

我们急得如热锅上的蚂蚁，但怕什么来什么，F 公司因企业无资产可供执行，向企业所在地的宁夏某区法院提出申请要求启动“执转破”程序。

我们感觉到危险慢慢袭来，只有立即启动房产评估才会有回款希望，再延迟就有破产的危险。我们要像秋风里卷曲的树叶一样，用尽全部的力气与时间抗争，只为赢得一些活着的时光。

启动评估迫在眉睫。我们找到 C 公司，希望将该案委托给我们，由我们来跟法院直接沟通（不间接通过原先代理律师）推进执行程序。为了表达我们的诚意，我们同意律师费可按风险代理的方式收取。

还好，C 公司为我们的诚意打动，委托我们代理此案的执行。

我们委派律师到法院所在地常驻，目标只有一个，协调法院启动现场勘验评估拍卖。

我们派去的律师像在法院上班一样，每天早上就准时出现在法院门口，等候执行法官，商量何时能启动评估。法官为我们的态度有所感动，主动通知我们选评估机构，去现场勘验，正式进入评估。

几乎同时，我们了解到，宁夏某区法院开始对A公司是否破产进行实质审查，这种状态的背后肯定也有律师在督促法院尽快宣布破产，以打破财产首封人的独享利益。

我们捏着一把汗，只希望破产审查的进程能慢一点，再慢一点，恨不得执行拍卖立马启动，这是在抢时间，更是在抢“蛋糕”。如果拍卖成功，债权可能全部得到清偿，即便拍卖不成功，以资抵债，也债资相当。一旦A公司破产，据我们测算，债权清偿率将不到10%！

在每个环节，我们都不能再耽搁，此时，即便不停地努力也不见得能来得及。法院确定评估事务所后，我们团队的律师又找到了评估工作人员，希望他们能尽快出具报告，我们几乎用央求的口吻说出了企业的难处，希望能得到他们的帮助。还不错，他们也同意加快评估。

仅五天，评估机构出具了评估报告。送达当事人后，有七天的异议期。

此时，A公司提出执行异议和评估异议，执行法院需要按照程序办理。

拍卖被按了暂停键，急也没有用，这是程序。

其间，宁夏某区法院的裁定书出来了，驳回F公司关于A公司的破产申请。我们稍稍松了一口气。谢天谢地，我们还有希望。

F公司不服法院裁定，向上一级法院上诉。难熬的四十五天过去了，法院还在处理A公司的异议。

两个星期后，执行法院终于在京东拍卖网上对A公司的资产进行了公开拍卖，但公告期十日！

我们似乎看到曙光，心里默默地期待着一切顺利，破产的事不会来。

终于等到了拍卖的日子，我们不停地刷新拍卖的网页，期待有“白衣骑士”能慷慨买下 A 公司的房产，但，最后等来的却是失望，资产流拍了。

或许，冥冥中自有安排，第二天，A 公司的破产裁定书作出了，A 公司进入破产。我们没有抢到时间的前面……

失去的是不会再来了，时间载着希望走远，我也要和希冀恋恋不舍地告别了。要完成该案件，其实并不需要多么高超的法律技能，仅仅需要执着地去推进案件程序。我不能准确地描述那一刻失落的心情，眼睁睁地看着要到手的食物被大锅盖缓缓地盖住而无法触及，我怅然若失，呆呆地不知所措。

假如我们能多催促催促法官，假如我们能快点争取获得 C 公司的委托，假如我们能在其他任何环节上再快一点，会不会结果不一样？我陷入深深自责之中。

做律师的真正难题不是没有梦想，而是在半夜一身冷汗地惊醒时发现，梦想变成一场噩梦，看着一切就此结束，而我却无能为力，空悲切。

心得

很多案件的成功，其实并不需要多么高超的法律技能，而仅仅需要执着地推进速度。其中，与自己真正竞争的并非对方律师，而是时间，是自己的惰性和松懈。

第五编

责任赢得信任

责任

赢得信任

信赖无价

信赖像一张折皱的纸，即便抚平，

也恢复不到原样。

2005 年 8 月，我受托担任一起执行案件被执行人的代理人。

申请执行人通过朋友约我一起吃饭，希望跟我合作，鉴于利益冲突，我没有同意见面。

他们就通过朋友捎话给我：能不能帮忙提供一下被执行人的财产线索，事成可支付一定比例的服务费。

我义正词严地跟朋友说，这种饭你也约，这种话你也捎，把我当成什么人？这叫卖良心挣钱，别人是否这样做，我不知道，但我知道

因为信赖所以委托，
只有客户对律师产生信赖
才可能同舟共济

自己不会那样做。

因为我拒绝了对方，反而赢得了对方的敬重。多年以后，对方有其他案件想委托我处理。

这位客户负责人跟我说，付律师，我们看重你的能力，更看重你的人品。

我回复说，在《三国演义》的故事中，曹操是那么喜欢吕布，为什么又杀掉了他？其实，是刘备那句“明公不见布之事丁建阳及董太师乎”的话让吕布命丧黄泉。刘皇叔的意思是说：吕布虽是英雄，今天成为你曹操的俘虏，屈尊称臣于你，但他的主子可没有活下来的呀。因为吕布容易被买通，所以曹操杀了他。如果律师能被买通，谁还敢委托他办事。在我们这个行当，律师对客户的忠诚比金子还贵重。

责任之重

责任感是律师的应有潜质。这种责任感建立靠什么？要靠我们的人品。俗话说，做事先做人，要让客户觉得自己是可以信赖、值得信赖的。人品包括但不限于诚实、韧力、信心和能力。

责任感首先要体现在律师自身的责任上。怕没做好事情让客户失望，才会竭尽全力、战战兢兢、如履薄冰地去做，才能够做得更完美。责任感是律师对客户的信诺。只有以责任赢信任，才能最终赢得我们的律师费。如果大家光盯着钱，而不靠责任建立信任，客户不会把钱白白地支付给律师。

律师的责任感，就是表现在任何时候都不放弃任何机会为客户争取合法利益，并视之为最重要的“事”。要建立信任，就必须让客户感觉到安全感。安全感就是不要让客户感觉到恐惧、心里没底或者感觉律师不可靠。要让客户知晓案件办理的进程，即办案程序要透明化。

在奥体公司，我遇见一位长跑爱好者（某知名公司的董事长）。“您这么忙，还有空来跑步？”我问道。

他笑着问我：“我需要锻炼，就抽空来跑。你什么时候跑步？”

我说：“没事的时候就跑。”

他很好奇地问：“啥叫没事的时候？比如周六上午，客户有案子要找你了，是不是就算有事，上午就不能来跑步？”我点了点头。

他又说：“我每周六上午都来跑步，雷打不动，有时候还在工作日长跑一下。如果这个时候有客户找我，我会说，上午有事，时间冲突了，只能找别的时间谈。因为在我心里，长跑就是有‘事’，而且是重要的事。”

他继续说：“当把一件事当成‘事’的时候，你才能倾尽全力干好它。当一个人说，有事不能参加某项活动，那就是说，他没有把这项活动当成‘事’，当他把某项活动当成‘事’的时候，其他的一切都不是‘事’”。

我点点头，深以为然。律师能把客户的事当成“事”，就不会有理由懈怠，自然也就能获得客户的信赖。

客户委托律师去办理案件，往往是他自己遇到搞不定的事情或遇到法律上困惑，在这种情况下，律师应出手相助，这既是法律职业的要求又是法律服务的根本。无论是否接受委托，都要对见面的客户表现出同情心，让客户感到自己是站在他的立场上坚定地为他在法律层面出谋划策。具体表现为：支持客户的立场，将法律上的抗辩发挥到极致，努力地实现客户的法律诉求，而不是让客户感觉到律师在审判他、怀疑他。比如，如果客户讲述的事实缺乏书面证据佐证，且有些事实不符合常理，这个时候，不要打断他或怀疑他的陈述，先要听完，再根据其他证据来作出初步判断，即便有些蹊跷，也要委婉地讲出来，而不是直接揭露对方说谎，可以向他讲明对律师实话实说的重要性。以医院看病为例，患者如果不向医生讲明病情，可能造成医生误诊的后果。通过深入耐心的沟通，相信客户会慢慢还原事实的真相。

另外，要让客户了解案件的真实处境和现实可能。这就需要律师运用智慧、经验去思考和推理以获取案件事实的整体情况，并根据该情况去作出正确的判断并采取措施。特别是，在客户对案件真实状况不清楚或者抱有幻想的时候，要让客户清醒地认识到案件的难度以及最坏的结果，避免出现最终结果超出他的预期，两手空空，反过来就会埋怨律师无能。

俗话说，做人容易，为人难。做人是根据自己的修养、素质、能力自主地去做事情；而为人，是对赢得别人认可和尊重的考量，是要看别人的反映。所以，后者就难许多。因为这是两个人的事，是一个人对另一个人的评价问题，要得到别人的喜欢，就没有那么简单。对律师来说，为人难，因为不是给自己办事，而是为客户办事，办得好不好，要由客户说了算，这确实考量律师的办事和协调能力。对于一件案件，律师既可接受委托，也可不接受委托。没有人会强迫律师接受客户委托，但一旦接受，律师的为人之道就会全面展现。

信赖之难

如何与客户建立相互之间的信赖？这是我一直在思考的问题。

首先，律师每天都会与各色各样的客户接触，自己应该对客户有一个基本的判断。如果感觉客户难相处，比如，有的客户以为自己花了钱雇了律师，律师就得听他使唤，以他为中心，颐指气使，对律师指手画脚却没有应有的尊重。如果我不能扭转局面，又不愿意忍受这种“屈辱”，我会拒绝接受委托。为了钱委屈了自己，感觉累就很难以最佳状态投入工作，也很难取得良好的代理效果。

其次，不要抱着试试看的态度接受委托，把客户的案件当成“试验田”，耽误了客户的事情。当自己感觉有能力办理的就代理，没有能力的就远离。只接手自己有能力、有把握甚至有信心办好的案子，既是律师职业道德的要求，也是对自己的一种保护，否则会很狼狈。客户的利益实现以及律师自身的声誉都要依赖于律师的为人之道，大意不得。

律师法律技能发挥得好，客户会理解、配合和信任，法院会接受自己的观点，媒体也会做正面宣传。反之，结果就很可悲，客户失望，法院不支持律师的观点，有些媒体可能还借机炒作，让律师和客户难以招架。

目前律师行业都在强调律师要专业化，但是现实中很多法律服务并非只有极个别的专业律师才能操办。“专业”与“非专业”律师之间的差异并非那么大，踏实忠诚比专业技能更受关注。比如，在代理买卖合同纠纷案件中，很难看得出张律师比李律师更专业。因为在这种传统的业务里面，并不能够显现出律师之间的巨大差异。这个时候，客户可能更需要一位踏实忠诚的律师来代理，而不问他是不是大牌律师。

因为信赖，所以简单。这是支付宝最初的宣传口号。其实在律师

代理案件态度：

如履薄冰

恐有闪失辜负重托

的服务中也是这个道理。正如去医院去看病一样，针对很多病，即便是特别资深的专家，他的诊断或者开的药方跟普通医生也没有区别，但是，为什么要去找专家看病呢？是因为大家对专家更信赖。

律师是以责任赢信任的行业，所以，律师必须处处表现出让人信赖，并成为一种习惯。这种信赖包括答应客户准时提交成果、汇报案件、准时开庭、及时认真地提交相关材料等。每个细节都让客户产生信赖才行。有人说，细节决定成败；也有人说，成大事不必拘小节。但我认为，一个小的细节失误就可能失去客户对律师的信任。虽然做律师很累，但是，既然选择了这个职业，就要努力做好，让客户完全信赖自己。

做律师的时间越长，就越容易战战兢兢、如履薄冰。因为他知道很多案件在某些细节上稍有不慎就可能被对方乘虚而入，进而一发不可收拾。年轻律师因为经验所限认识不到案件的机要节点，反而无所畏惧、满不在乎。

这么多年，我做过一些重大疑难案件，也取得胜诉的结果，但是说实话，很多案件都是险中取胜。有的时候，即便拿到了胜诉判决，其实回想起来也唏嘘不已。掩卷遐思，假如在案件的某一机要节点上，自己没有更深地研究，收到胜诉判决的未必会是自己。如果是因为自己研究不深导致案件败诉，客户会因为我的过错而失去最后的自救机会，那么自己将会深深地自责。

律师这个行业真的很累，累就累在“要睁着眼睛睡觉”，不敢有丝毫的懈怠和自负。在没有能力帮助客户的时候，勇敢地说出来，并把案子交给有能力的律师去做，这是一种责任。

为客户追求最好的结果是处理好与客户关系的关键。毋庸置疑，客户都很现实，都会以案件成败论英雄。没有能力接的案件接了，最终又没有好结果，客户的脸色自然就难看甚至还有可能要求退律师费。有了好结果，就会“一好遮百丑”，其他的什么都不重要，所以，如果不能为客户争取到好的效果，我不会去接手这类案件。

俗话说得好，没有金刚钻，不揽瓷器活。我的感悟就是，最优秀的律师应当出现在明智的客户身边，强强联合才能马到成功。

忠诚不二

我会注意与对方客户或代理律师的关系或交往。为了表示对客户的忠心，在与对方客户或律师交往中要保持适当的距离，避免让自己的客户产生误会。即无论与对方客户或律师多么熟悉，在办案的时候最好与之保持适当的距离和礼貌。即便对方客户认为自己矜持、冷漠得不近人情，其实也无所谓，只要是让客户感觉到自己和他站到一起就行了。自己和对方律师法庭相遇，做到彬彬有礼、不失风度，不要表现出亲密无间，即便对方律师是老朋友，也要顾及客户的心理感受。

在执业过程中，会遇到形形色色的客户，他们来自五湖四海、来自各个行业、来自不同的家庭背景，存在生活品位、教育背景、经济收入等巨大差异，这就需要我与这些客户面谈之后，根据自己的社会经验来判断客户的状况、性格，根据其期望值和案件的难易程度决定是否接受委托。只有这样才能够实现律师与客户对接，才能为案件的办理创造最有利的条件。如果感觉到客户不是自己的“菜”，那就不要往自己的篮子里“淘”。

在多数情况下，客户是将律师作为帮助自己解决难题的“救生员”

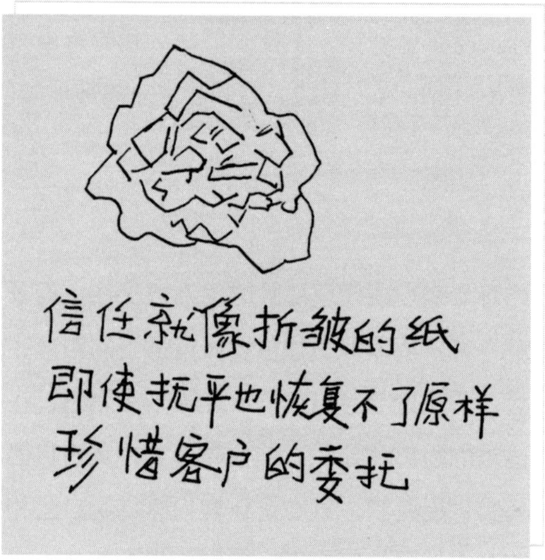

信任就像折皱的纸

即使抚平也恢复不了原样

珍惜客户的委托

来看待。但也有例外，就是有些公司里掌控案件资源的负责人，手里拿着案子居高临下，像是施舍恩赐一般，对律师指指点点，我绝对接受不了。当然，我懒得去赔笑，把男性的倔强强压下去，阴沉着脸，扬长而去。没有尊重，他手里多大的案子，我也不会稀罕。

对我来说，还是要接受自己能够认可的客户委托为好，因为每个客户都会支付律师费用，只不过有多有少，但是，如果律师和客户不能同心协力，就很难取得双赢的效果，最后如果再因合作不愉快而产生投诉，那更得不偿失。总之，要想与客户相处得好，当然需要找到好相处的客户，远离与自己性格不合的客户。

当面对重大案件时，特别是群体性和复杂性的重大案件，我会灵活地运用自己的社会知识、专业技能以及沟通技巧去赢得最佳效果。当然，这项技能也不是一日之功，也需要在职业的过程中慢慢地摸索，有时候，交际能力胜过专业技能，很多事情不是依靠法律而是依靠协调能力来解决的。

哪位客户不希望律师能腾出所有的精力办理自己的案件，急他所急，全神贯注，及时向自己汇报案件进展，让自己能感觉到一切在掌握之中，看得见，摸得着。为什么做律师难，难就难在真有一次因为自己学业不精导致败诉，可能是他职业生涯永远的深深的痛。当然，对于客户来说，已形成了不可挽回的损失，但是这种损失就和病人看病为庸医所误一样，不该输的案子输了，客户也只能欲哭无泪，后悔晚矣。

每一次诉争都像是一场竞技场上的决斗，会受伤甚至流血，步步惊心。律师要不停地痛击对手，艰辛且孤独，需要持续不断地集中注意力，学习研究，无论做得多好，必须时刻准备再一次出拳打击，即便痛苦不堪，也要告诉自己，不能倒下。失去了一场战斗对律师生涯不会产生巨大的影响，但是对客户来说，可能关乎其生死存亡。对一位视客户利益至上的职业律师来说，必须在倒下之前，拼尽最后一丝力气。

心得

信赖是网，是律师用责任为针，一针针编织而成。在提交文件、汇报案件、准时开庭的诸多时刻，律师要一丝不苟，认真负责，用自己的行动告诉客户：有我，放心。

种瓜得瓜

有些人虽近在咫尺，却走不进他的内心，

因为缺一把认可的钥匙。

当年有部很火的电视剧叫《蜗居》，其中一个情节，很值得玩味。

某公司解聘了郭海藻（宋思明的女朋友），拖欠她三千元的工资。这个事传到了宋思明的耳朵里，他找到了某沈姓律师，让他去找找劳动局的周局长，请周局长帮忙协调一下，帮郭海藻要回三千元工资。

沈律师很疑惑，说：“宋秘书，这么小的事还值当地找周局长吗？我给她三千元不就完事了吗？”

宋思明斜眼看了一下沈律师，说：“关系，这个东西你就得常走动。

越走动，它就越牵扯不清，越牵扯不清，它就混在一起了。

“要总是分清你和我，反而就生分了。要么每一件事你都得花时间去摆平，要么就是经常地欠，欠多了也就不愁了。我替你办一件事是办，办十件事儿也是办，等办到最后，他一见你就头疼，那你就赢了，要风得风，要雨得雨。

“这件事对周局长来说，抬手一个电话的事，却让大家由此多了关系。”

沈律师连连点头，若有所思。

……

作为山东人，我从小接受的教育就是不占别人的便宜和尽可能不麻烦别人。但长大后才发现这往往会挡住交际的路。拒绝接受别人的礼物，挡住的不仅仅是礼物，更是别人交往的诚意。不麻烦别人，同时也关闭了别人想麻烦自己的想法。没有交际，又何来友谊？

现如今的自己，想通了其中的道理，坦然接受朋友的帮助和友谊，礼尚往来，也真诚地伸出援手帮助别人，人脉圈便慢慢扩大。

交际之逻辑

什么叫人脉？人脉，就是人际关系构成的社会网络。它的核心是什么？社会资本。什么叫社会资本？资本就是交换价值。在认识的人中，只有喜欢、认可、佩服自己并且觉得自己有价值的人，才会跟自己有亲密接触。这就是“物以类聚，人以群分”的道理。

我发现，学校里，排座位有很多的玄机。每位学生家长都希望自己的孩子跟优秀的孩子坐同桌。但优秀的学生家长当然也希望自己的

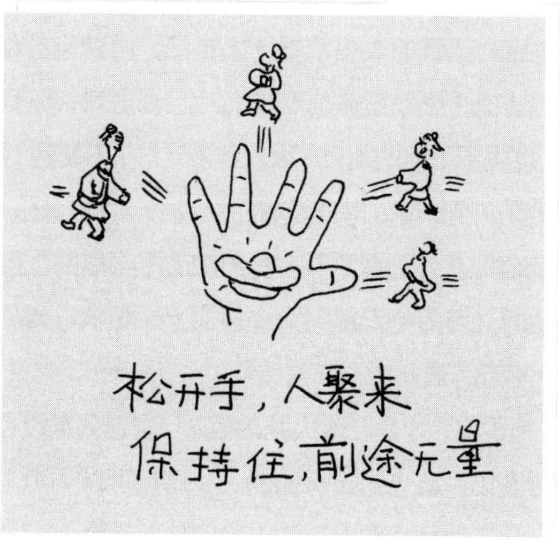

松 开 手 ， 人 聚 来

保 持 住 ， 前 途 无 量

孩子与学习更优秀的孩子坐同桌。考试成绩第一名学生至少会希望与成绩第二名的同学坐同桌，绝不会希望与学习成绩最差的同学坐同桌。因为大家都懂“近朱者赤，近墨者黑”的道理，谁都希望从别人身上学到好的习惯，进一步提升自己，而不是受到坏习惯的影响。

在我们的社会交际中同样存在这样的现象。老是结交高攀比自己强的人，但是比自己强的人根本看不上自己，所以他不会把自己当成朋友。可以邀请他合影、留微信、留名片、留电话，但是自己走不进对方的心里，也成不了他的朋友。因为他不认同、不赞赏、不佩服自己，总之，自己没有交换价值，对他没有用处。

一位普通的职工结交领导不容易甚至是不可能的，但领导之间的交往是很容易的，因为他们都在一个层面上，见识、阅历、生活背景以及价值理念相近，彼此就很容易结交。

其实，交换价值，才是打造人脉的根本。自己如果没有交换价值，想跟有价值的人在一起也是不可能的。一个人可以认识上百人，但是可能得不到自己认为是“朋友”的人的帮助，因为他们并没有把自己当成朋友。

2004 年，华谊兄弟公司某领导到武汉参加“东湖论坛”。那时他还没有什么知名度。

当他走上演讲台时，大家对他不以为然，会场只有稀稀拉拉的掌声。

他开始自我介绍：“我是华谊兄弟太合影视公司某某，投资拍摄了电影《手机》《大腕》《甲方乙方》《不见不散》《 没完没了》，陆川的《可可西里》、冯小刚的《天下无贼》、周星驰的《功夫》也是我投资的。冯小刚、陆川是我公司签约导演，陈道明等是我公司签约演员。”

天天都在跑
却没有找到通往客户的路
停下来可能会看见

他话音刚落，会场就响起雷鸣般的掌声。掌声中还夹杂着众多惊讶声，原来是大人物呀。那些想和影视投资公司建立合作关系的人，开始竖起耳朵聆听他的发言。强悍的人生不需要解释。

要想改变自己的人脉困境，就要明白律师人脉拓展的基本逻辑：没有交换价值，就不会有深度交际。

打造自己就是打造人脉，用心打造自己、提升自己、学习专业知识，才可能获得别人的赞赏、认同，最终才能走进“朋友”的内心，否则的话，在他心中我就没有交换价值，即便是跟他一起吃饭、一块参加爬山、相约去打羽毛球，他都不会把案源交给我。这就如同说，我们可以一起玩，但是我们工作不交集，正如医生和病人的关系一样，再好的友情也抵不过命重要。案件对客户来说就是病情，即便我是他熟悉的医生，他不信任我，也不会把案件交给我。

由此，我不再每天急匆匆地拎着包跑市场，而是把工作重心放到业务能力的提升上，求人不如求己。

为什么要争做优秀的人？因为优秀了，别人觉得自己有能力才愿意与自己结交。优秀的人容易赢得有效的人脉资源。俗话说，物以类聚，人以群分。优秀的人会找优秀的人做朋友。人们为什么愿意结交有名气的人，并愿意跟他成为朋友？因为事实证明有名气的人有能力、有魅力，可以帮助自己。

有句老话说，富在深山有远客，穷在闹市无人访。这句话道出了现实生活中的“势利”现象。同样的道理，如果自己没有价值，就会门可罗雀，即便是邻居、同事也不会去跟自己有交集；如果真有才，再远的朋友也会来找自己，这是现实，虽然很残酷。

所以，做一个优秀的人，自带“光环”（有效价值）就容易获得有效的人脉。谁不希望与有资源、有价值、有情怀、有品德的人结交朋友呢？

微信交友，确实是互联网时代交际新途径、新方式，使人们的交往便捷、高效。但是大家要知道，越是容易或者短时得到的东西，就越没有黏性。通过扫码认识的人，只是字面上或者软件里认识的人，很多只是萍水相逢的“露珠”朋友，并没有任何深入交往，要成为朋友还有很远的路要走。要建立深厚的友谊，就需要建立面对面、心贴心、手拉手地交际，动动手指不会触动彼此的内心。所以说，我不从迷信微信群友的友情，也不会浪费太多时间与微信群的“朋友”聊天交友。

如果对方觉得自己不是一个受人欢迎的人或者没有价值的人，估计交往的路也会瞬间堵死。人们愿意结交一位懂医学的人做朋友，可能不一定让他治病，但遇到一些健康问题可以咨询他。同样的道理，很多人也需要律师做朋友，他们遇到法律问题需要咨询他。医生懂医、律师懂法就是值得交往的原因所在。

我的朋友也有很多做律师的朋友，如果他遇到法律问题时去问李律师、张律师而不来咨询我，我就会认为他可能觉得别人比我能力更强或人品更好。所以，一定要做有价值且受欢迎的律师，与人为善、亲切随和且专业能力强，要让对方觉得自己不招人烦，愿意跟我在一块相处、一块商量事儿，愿意把业务交给我。

我会多结交愿意把时间花费在自己身上的人。也就是说，对自己好的人，如果能力也很强，就可能是自己的人生贵人。因为自己是被他关爱的人，他就会用心帮助自己。关爱我们最多的人是谁？父母。在人生中无论遇到什么样的挫折，最终不舍不弃的永远是自己的父母。因为父母能无私地把更多的时间和爱放在子女身上。同样的道理，在

不 要 过 分 依 赖 客 户
自 己 没 有 光
影 子 也 会 离 你 而 去

事业发展过程中，如果我的领导、老师、同学愿意把时间花费在自己身上，必然是自己的福分，我也同样应把更多时间花在他们的身上。只有这样，在你来我往中才会结下深厚友谊，在需要的时候双方才能相互帮助。

我只会把 80% 的时间投入可能形成案源的交际中，不会把过多的时间投入认识新人的交际中。朋友往往不是自己认可的人，而是认可自己的人。也就是说，自己认为对方是朋友的人不一定能帮到自己，只有对方也认可自己是他的朋友的人才会帮自己。暂且不说他能不能帮上自己，至少他才可能有帮助自己的心意。

除非有特殊的原因，从事业发展的角度讲，我尽量回避那些连物质上都不能够独善其身的人，也就是说，如果没有特殊的情况，那些连自己温饱都解决不了的人，也注定帮不上自己。从这一点上讲，这些人也不可能成为我的客户。更要远离那些精神人品层面不能独善其身的人，他们不但不会帮上自己，甚至有可能会损害到自己，所以离远一些为好。

同时，我会用真心去结交一些“落难英雄”。落难英雄，说白了，就是有能力，但因为特殊原因没有发展起来或暂时遇到人生挫折的能人。结交那些没有能力的人，他不会帮上自己，因为他没有能力帮自己，而“落难英雄”就不一样，他们只是遇到暂时困难或者还在艰难前进的路上而没有发达，自己真心与他交往，未来他发达起来定会助自己事业一臂之力。

未成佛道，先结人缘。也就是说，广结善缘，才能获得善果。无论是初次交往的人还是以前已经交往过的人，我都会用心地对待对方，让对方感觉到自己是一个受人欢迎的人、热心的人、有能耐的人，长此以往人脉资源才能水到渠成。

友情需要时间来加深，所以要经常联络。对友情来说，时间是建立信赖的强力融合剂。虽然有一见如故的友情，但多数友情还是需要时间来加固。因此，在律师人脉交际过程中，希望我会努力用时间去维系友情。在刚开始从事律师之际，很难有广泛的人脉，认识的人不多，而且愿意跟自己交朋友的人也不会多，其中大多数还是没有发展起来的职业新手，我会与他们保持真诚相待，经历一定年月，事实证明，帮助自己的人就是他们。

为什么说大学同学未来对自己的事业可能帮助最大？就因为在纯真的年代里，大家建立了真挚的友谊，这些人无论未来如何发达，都会尽力相互帮助。

我在从事律师之初，有市场拓展的巨大压力，恨不得从朋友那里立刻得到案源来解燃眉之急，但是正如上述所讲，人脉拓展需要时间、能力等综合作用才能呈现效果，短时间内是很难有所突破。

对我来说，本科是学电力系统自动化的工科专业，没有法学院的同学和校友，能助我事业发展的人脉资源少之又少，这是我不可回避和无法弥补的弱项。我只有通过自己不懈地努力提升自己，写作专著、成功代理案件、用心结交人脉，让更多的人了解自己，并让别人感觉自己有情怀、有能力、有担当、对法律有着独特的见解，从而愿意与我相识相交，让我能在律师行业中广结人脉。

俗话说，技多不压身。技能学习的范围很广，站在律师的角度讲，学无止境，不应局限于专业知识，也包括交际、策划、管理知识，要不断学习，不断展示。

当下律师，既要会做事、做人，也要学会“作秀”以求得公众支持。

有个“千金买骨”的故事，出自《战国策·燕策一·燕昭王收破燕后即位》，说的是，古代一位侍臣为君王买千里马，却只买了死马的骨头回来，君王大怒而不解，侍臣解释说，如果大家看见君王连千里马的骨头都肯用重金买回来，就会认为君王是真正想要高价买千里马，就会自然而然把千里马送上门来。后来果真如侍臣所言，不到一年就有几匹千里马被呈送上来。

这个故事给我的启发是，如果自己对身旁的普通人做到热情好客，对小案件能认真对待，就会让客户感到，我也会对他和他的案子认真对待，建立客户信赖就会水到渠成。

我曾拿着漏斗打比方，形象地比喻律师人脉拓展的道理。

有一只漏斗装满了豆子，在重力的作用下慢慢地向下流，流下去的豆子就好比律师的案源，漏斗越大装的豆子越多，好比律师潜在案源就越多。漏斗最下部漏下去的可能就越大，此处的豆子愈加密集（好比交际深），就是最有希望形成的案源。要想形成源源不断的案源，就必须扩大漏斗的体积，即加大交际，多认识人，还需要把漏斗里的豆子压实，即甄选有潜力的人，深度交往。

参会之效果

我也曾经通过参会的形式去拓展人脉，但收效甚微。

参会能认识一些人，但往往结交不到自己期望结交的人，最多跟会议嘉宾、知名专家、大咖律师等混个脸熟，跟律协的领导交个朋友，但第二次见他们的时候，他们都不记得我是谁。即便跟他们坐在一张酒桌上，听着应酬的话，满脸堆笑地看着他们，或者听着有人妙语连珠地表达赞赏，我感到笑容僵硬，浑身不自在。

“微信”刚推出的时候，我见人就加微信，手机里的微信联系人已有几千个，甚至上万个，认识的人真不少，但问题是，认可自己，把自己当成朋友的又有几个？

这好比是商场购物，商场的人流量和有效客户量是截然不同的概念或指标。商场里面闲逛的人多，但是舍得花钱买东西的人少，对商场来说并没有太大意义。对律师而言，如果不能形成有效的案源，认识再多的人也没有意义。

有效交往是关键。因此，我努力做好两件事情：一要尽可能多认识人；二要以我个人的魅力去吸引别人，让他们成为跟自己紧密交往的人，只有这样，自己才能获得有效的案源，否则，认识的人再多也没用。

回到前面的问题，去参会、交换名片、添加微信，与嘉宾们仅是一面之交，没有深入交集，就不会形成有效的人脉，当然也不会形成案源。所以，我不再去跑场子，跑场子认识的人就如同商场里不断闲逛的人一样，他们是不会购买自己的商品或服务的。

临渊羡鱼不如退而结网，我刚入职场，没有经验、名气，去给人递交名片，大咖们只会礼貌性地跟我合影、握手、签名、留微信，但是不会记住我，因为我和他的心远隔千里。

现在自己也经常受邀作为会议嘉宾，再去结交会议嘉宾，就不再困难。大家都是受邀嘉宾，社会地位、社会能力、影响力应该是大致相当，所以就容易结交。

自己的体会是：参会前要好好思考，能否达到自己的目的，不把时间浪费在看似“高大上”的会议上，除却浮华，空手而归。

很多高大上的会议，说白了，就是那些大咖聚会的走场秀，每个人都有露脸的机会，都穿得西装革履，站在演讲台上花香扑鼻，听台下掌声雷动，好不热闹。站到台上的，无论讲得好不好，毕竟在律师圈里也混了多年，大家出于礼貌或者为了捧场，都礼节性地叫好。你方唱罢我登场，舞台从来不寂寞。但说实话，想到这种会议上学知识很难。因时间关系，每个人的发言只是短短的几分钟，即便有料，也不可能深入展开。

我不建议团队的年轻律师去参加这种会议，因为年轻律师根本挤不进去，不是说进不了会场，而是挤不进那些嘉宾的圈子。有些以脱口秀为主的会议，如果对主讲人比较了解，也知道他有真材实料，可以去参加。其他的圈子会、秀场会，我不会参加，学不到东西，也结交不了人缘，只会浪费时间。

很多会议搞得很奢华，葡萄美酒夜光杯，有乐队伴奏、舞蹈助兴，美不胜收，我曾经西装革履去见识一下，但以后就不会穿着燕尾服去赶场子，因为自己不过是一名“打酱油”的观众。

当然，律师针对市场需求，开发设计出相应法律产品再去会议推销就另当别论了。如资产证券化的问题解决方案，或针对国内民营企业家普遍缺乏安全感的需求，设计出家族资产海外信托类法律产品等。设计出创造和占领市场的法律产品，拿着产品去推销，才能结交人脉。

出书之妙处

通过出书、授课等方式展示专业能力。律师可以研究企业相关法律风险、法律专业问题向企业家营销，或研究相关领域律师业务向社会或律师营销，在业内赢得“江湖地位”以寻求商业机会。

律师写书，有的目的是实现自己文学情怀，展现个人文采，如写诗集、小说；有的以此作为总结提升自己业务水平的手段，写书必须读书，而且要读大量的书，无形中提升自己的业务能力；有的以此树立专业权威,促进业务营销,而后两种可能是多数律师写书的真正目的。

我当初选择写作，主要有两方面的考虑：一方面，通过写书“逼迫”自己去阅读大量的专业专著和文章，让自己的法律功底得到提升；另一方面，通过写作能把自己的真本事展现出来，获得读者的认同，特别是获得客户的认可或者信任，对自己的业务拓展大有裨益。

我认为，对律师来说，出书是一个“双刃剑”，如果律师把自己的真才实学通过著书立说传达给读者，肯定是一份正能量，同时也是一次个人学识的充分展现。相反地，如果是粗制滥造，如法炮制，仅是为了求能有一本书出版，不但不能赢得读者的认同，反而可能露了马脚，让读者离律师而去，得不偿失。

本人写第三部专著的时候用了一年多的时间，只要是不参加庭审，几乎就与书稿的文字“死磕”——修正和校对。说实话，这是一个备受折磨的过程。因为这个过程既要不停地去查阅资料，担心观点有失偏颇而误人子弟，又要不停地删改校对，防止语句不通而存在低级错误。写累了想放弃又不舍，思路断了就努力回想。就是这样，写写停停、停停写写，如此反复多少回，直至书稿付梓才算松了口气，发誓再也不写书。

在今天这个信息碎片化的时代，人们慢慢不习惯捧着一本书去慢慢品读。而恰恰在这个时候，如果自己能静下心钻研专业并认真写就一部专著，会让人们为自己侧目，目光绝非嘲笑而是崇敬，而崇敬是叩开客户心扉的第一步。

我认为，律师服务的关键点是建立客户的信赖，而用心写一本书，就是建立这种信赖的婉约方式。所以，写一本专著，带上它，我会自信地去敲开客户的大门。

一本专著，相较于一张精美的名片，必然更会给客户留下学者型律师的印象，即便客户记不起书名，也不能读完这本书，但他可能会记住自己曾写过专著。

一位客户老总跟我说，虽然没有时间读完全部内容，但能写出三十万字就足以让人钦佩。我深为感动，律师对业务的钻研，客户都能看得见。在客户印象中，认为我是一位喜欢钻研、喜欢学习的律师，而不是一位不学无术专跑“江湖”的骗子，能如此，足矣。

为了写一本让大家喜欢的书，我进行过调研和思考。

理查德·克莱德曼，以古典音乐为基础，将古典音乐与现代音乐融为一体。虽然从音乐成就上看，克莱德曼并不是一个世界顶级的钢琴家，其用的是现代技法和配乐去诠释古典钢琴曲，但在中国，正是这种不“纯正”的钢琴曲，却赢得了最广泛的听众。

某知名经济学家，以百姓经济为基础，以老百姓身边的现象与事件讲述晦涩难懂的经济学知识，深入浅出，抽丝剥茧，娓娓道来，深受观众好评。

以上鲜活实例给我的启示是，曲高和寡，律师写书唯有对接法律实务，让法律走下孤傲的神坛，落地普通百姓的现实生活，才能为大众所接受。同时，让冰冷的法律遇上朦胧诗，才能唤醒法律实务书的灵性。

于是，我写作的每本专著，都努力做到让读者感觉有料、有趣、有用。

简言之，书的用语要活泼，内容要实用，要将自己的法律领悟植入书中，才能引发读者的喜爱和学习兴趣。从目前出版发行《企业合同管理 33 讲》《大律师锤炼计划 33 讲》的情况看，这两本书都在“当当网”荣登法律图书畅销榜榜单，所以当初确定的写作风格以及内容是完全正确的。

心得

好好提升自己的能力和价值，才更容易结交人脉。有些人脉高攀不起，不是别人太高，而是自己太矮，人脉拓展，必须从让自己变得优秀开始。

保护真相

发掘真相不是律师职责，合法地保护客户利益才是。

正月初五，上溪镇如意酒家，我参加了初中同学聚会，一屋三桌。

“各位老同学，静一静，我先说两句。首先，欢迎老同学回家过年，我给大伙拜年啦，过年好。”老班长赵迪操着一口家乡话开腔，并深鞠一躬，掌声响起。

“30多年没见，聚在一起不容易，今天有26位同学到场，说明大家心里还有初中同学的根。我没有咱在座的各位有出息，现在还镇守老家上溪，但我衷心祝福各位同学事业有成，升官发财。

“咱们李西在北京大部委工作，是双博士后，春田是省城医院的心理学专家，崔波也是云鼎电视台的名嘴，还有剑波是大央企的处长，都是咱班的能人，咱镇的名人。别的就不说了，都要注意身体，好好闯。今天很特别，咱们班主任田老师也来了，下面让我们用热烈的掌声欢迎田老师讲话。”

“同学们过年好，总算见到你们啦，很高兴，我现在退休了，经常听赵迪说起你们，都很有出息，你们都是农村孩子，靠自己的‘爬叉’，也算衣锦还乡，都要珍惜，别出差错。你们都很忙，好不容易回家来过年，要少喝酒，多叙旧，我就说这么多。”田老师说完，对着大家晃了晃双手，慢慢坐回座位上，大家拼命鼓掌。

田老师，县师范中专毕业，初中时给我们当过三年班主任，和蔼可亲，没有老师的架子，还经常跟我们踢足球。他学识渊博，博闻强识，曾经为我们背诵过《三国演义》的很多篇章，让我们佩服得五体投地，他的语文课是我们最喜欢上的课。

酒席开始，每位同学端酒介绍各自的现状。

酒过三巡，几杯下肚，全场气氛开始活跃起来。

“大家都来自天南海北，30 多年了，谈现在的成就反而生疏，我提议，今天就一起回忆回忆过去的趣事，好不好？”赵迪端着酒，满脸通红地看着大家，大家鼓掌后也端起了各自的酒杯。

“好，那我先问个问题，田老师，您还记得我们班的那次丢足球的事吗？那次的足球真是您拿回家了吗？”体育委员隋波先起头，同学们一怔，思绪一下子回到了 1984 年的那件足球往事。

我们初一那年，很多男生喜欢踢足球。田老师在县师范读书时是足球队队员，就教我们一起踢球。

学校体育组共有4只足球，每次只能排队申请才能领出来玩，很多时候都抢不到球，班里的男生就凑钱买了一只足球。

这只足球成为我们班最贵的财产和男生们的至宝。因为踢球，男生成为最铁的哥们儿。大家最开心的事就是去体育场踢球，上课铃响，才恋恋不舍地离开体育场。

有一天，足球突然丢了。

同学们急坏了，赶紧到其他班级、体育场、体育组到处去找球，并在学校公示栏贴了寻球启事，但都无果而返。

隋波那个时候是球队队长，人高马大，骂骂咧咧地要求每位男生相互举报，找内鬼，并威胁找到谁偷球就砸死他。每个人都发毒誓，证明自己不是小偷，但大家还是在猜测谁可能是小偷。

没两天，田老师在班里郑重其事地宣布，不要再找足球了，被他没收了，他说，天天踢球会影响学习，以后想玩球就去体育组借球。

自此以后，同学们慢慢忘记了这件事，又开始去校体育组借球踢，田老师又和我们一起奔跑在体育场上……

田老师被隋波猛然一问，先是一怔，放下筷子，慢慢地站了起来。

“你这个臭小子，还记得那件事，没想到你们还没忘记，今天就说实话吧，那个球，我没有拿，谁拿走了，我也不知道。”

房间里鸦雀无声，全班同学都慢慢放下手中的筷子，听田老师继续讲。

“你们上学的时候，我给你们讲华盛顿砍倒父亲小樱桃树的故事，教育大家要诚实，别撒谎，但那次我对大家撒了谎。

“我们的生活中，有时候需要自认一些错误，你承认反而比辩解更让事情变得简单，更能让人接受，你认了，人家反而会原谅你。有的时候你费很大的劲把自己撇清楚了，却越是让人认为你在撒谎，反而遭人讨厌。因为很多人都不会看到真相，只会根据自己的经验或偏见来评判人和事。

“我说把球没收了，你们都不会怀疑，因为我在你们心中是权威，我给大家统一了口径，这件事情就此打住，你们不再相互猜测，不因此影响你们的感情，不会影响你们的学习和生活，也给拿走球的孩子一个悄悄改过自新的机会。

“30 多年过去，你们还记得这件事，总会有人在探求真相，真相也总会浮出水面。”

真相大白，但满屋的人却陷入了深思：“权威”真相背后，还有真相吗?

……

我想，田老师作为班主任，在说出“权威”真相的那一刻，他一定会纠结。他一边教导天真无邪的孩子们要诚实，一边却给孩子们编造了虚假的真相。但是，我能理解他。必须在两难中作出选择，这是他作为老师的职责。

我由此想到的是，当律师在民事诉讼或刑事辩护时，该如何面对真相。

客观真相是特定案件或犯罪发生的原初真实，是因时间流逝而不可再现的。法律真相则是通过当事人陈述、证据、勘验等构建起来的真实，它可能接近客观真相，也可能与客观真相相去甚远。律师遵从法律证据，认可以证据证明的法律真相，而不过分纠结客观真相，除非委托人同意自认，这是律师的职业要求。

以刑事犯罪案件为例，基于律师的职责，我们对于客观真相的理

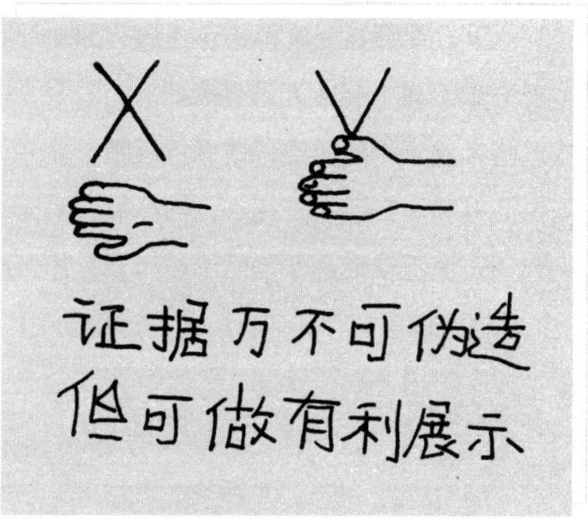

证 据 万 不 可 伪 造

但 可 做 有 利 展 示

解与检察官、法官迥然不同。检察官承担追诉犯罪的职责，他当然力图要证明犯罪客观真相的存在，故不可避免地偏好于有罪的客观真相。律师则不同，我们受雇于委托人，只需要提出“合理的怀疑”，足以构成对检方犯罪真相的挑战，即算是完成了职责。即律师的目标是抗辩，是赢得免责，而不是帮助法庭发现客观真相。

在极端的情况下，律师甚至不得不这样做：即便律师知道客观真相，但如果客观真相不利于委托人，而律师认为对方无法证明，他将不会主动承认这些客观真相的存在，或保持沉默。如果律师知道，一位证人的瑕疵作证有利于自己的委托人，则律师会阻碍那个可能暴露其瑕疵的交叉询问，他不仅会确保陷阱不被掀开，还可能“在陷阱上再撒几片叶子”。这些都是律师的职责，与其道德无关。

心得

有些案件，因为证据不足而败诉，客户正当权利可能由此受到伤害。律师能做的，就是在法律允许范围内向法庭提交一切有利证据，让法官相信那就是事实的真相，从而予以支持。

勇敢推开未知的门

律师推销就是在客户心里种下信赖的种子，静等花开。

初到北京，我无暇欣赏首都的辉煌古迹，不是没有时间，而是没有闲情逸致，找案源的重担已压弯了我的腰。

每一天，我都处在极度的焦虑中，在从青岛发动汽车出发来北京的那一刻，我已经没了退路。青岛从不拒绝迷途知返的游子，但极度虚荣的游子总放不下自己的面子，我不想以一副失败者的面目再回去。

我做好了推开客户大门的所有准备，却找不到那扇门在哪里，每日如坐针毡，惶惶不可终日，我需要案子、案子、案子，有时候夜里睡觉会突然坐起来，梦里梦到客户就坐到我的面前。

每当手机铃声响起，我会迫不及待地按下接听键，我多么希望电话的那头是需要委托律师的客户，但绝大多数却是像我一样需要客户的房屋中介。我真的好想跟对方说，我做梦都想买房，而你想找律师吗？

我急急忙忙地拜访了北京的几个朋友，再通过朋友介绍去认识新朋友，每天与人家约时间，在京城地铁里来回穿梭。几个月过去了，朋友们留下了我带去的崂山绿茶，回馈了我美好的祝福，而我却两手空空，没有承揽到一单业务。

我满心欢喜地来了，此时才发现，没有准备好的，不是北京，而是来这里的自己。

北京真大，大得让我不知道该把家安在何处，我更不知道赖以养家糊口的业务在哪里。

一个陌生人来到一座陌生的城市，无亲无故，无依无靠，背负全部家当，不做“北漂”族，想做“淘金”客，期待让梦想照亮现实，但现实却给了梦想一记耳光。

以前听汪峰的《北京北京》，只觉得不过是南宋诗人辛弃疾笔下的无病呻吟，爱上层楼，为赋新词强说愁而已。几个月下来，未能揽到一单业务，我似乎听清了他敲击我心头的歌声：我似乎听到了他烛骨般的心跳 / 我在这里欢笑 / 我在这里哭泣 / 我在这里活着 / 也在这里死去。

歌声悲凉，在这座拥挤的城市中响起，又在这座包容的城市中消失，没有人会在意。而于我，只有舍得一身浮躁与不甘的皮囊，每日拖着疲惫身子游走在这座城里，求得日进日新，小有建树，衣食不忧。

生活还在继续，我开始下意识地节省每一分钱，我不知道未来还要经历怎样的艰难，我不得不做好最坏的准备。单位给我垫付的社保费还等着我去偿还，家庭必要的开支一刻也不能等。我变得有些神经质，当我刚转身离开房间，灯就被家人顺手关掉以节省电费时，我都会感到无形的压力。

我必须寻找一条快速结交朋友的途径，进而找到案源。凡是大事、好事，都需要耐心等待。但此时，我不能等待。

天下哪有那么多的岁月静好，时间不等人，生活容不得我慢慢与客户培育感情。我回不到过去与其他人建立同学友情（也考虑过去攻读 EMBA 以结交新同学的计划，但同样需要时间），也不能孵化出有血缘联系的实在亲戚，我必须在倒下前找到客户和案源。

我听说某企业家圈子有种交往方式叫“秒聚”，就是某大佬到哪里出差，他会把他的朋友聚一下喝酒，让朋友成为朋友。我想模仿这种模式。

2016 年 4 月 12 日，我与一位法务总监朋友模仿“秒聚”方式发起了“法总餐叙”。就是与公司的法务总监聚餐，相约周末，每次六人，以酒会友，让大家在轻松的餐桌上相互认识，快速建立友谊。

好在我的血脉能容下一点酒精，让我能发挥山东喝酒交友的豪迈，在觥筹交错间展现自己的好客，推销着自己的业务。

从此，夜色阑珊处，京城某处有个飘摇的人影，那是应酬归来的自己。

每每走在大街上，醉眼蒙眬，看着两旁矗立高楼大厦的灯光，我多么渴望有一盏属于自己的灯，让我也能有案子忙到深夜，然而，那时的自己只是一个飘摇不定的夜归人。

曾经有个朋友看到我的办公室摆放着好几箱白酒，笑着问我是不是律师业务做不下去，改卖白酒生意了。

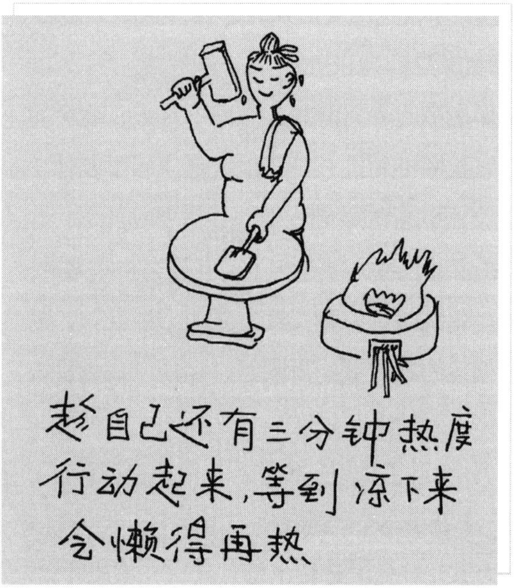

趁 自 己 还 有 三 分 钟 热 度
行 动 起 来 ， 等 到 凉 下 来
会 懒 得 再 热

我笑着说，人生有种考验叫“酒精（久经）沙场”，我正在经历这种考验。

好在上苍不负，两年以后，我结交了很多法务圈的好朋友，开始有了稳定的案源。

律师和其他行业很相似，都是案源经济，也就是说，每一位律师的工作时间里相当一部分时间用在拓展客户、开拓案源上。不像很多美国律师那样，似乎只要专业立身，很多客户就会慕名而来，不用愁没有案子做。目前中国律师业仍是以案源作为主导的经济模式，律师的一大部分时间是花在老客户的案子上或新客户的开发上。

在这种模式下，创收指标是每个律所面临的问题，也是各家律所之间比拼的一项重要指标。我清醒地认识到一个严峻的事实就是：即便律师有“金刚钻”，却不见得能揽到“瓷器活”。这就要求律师首先要有较强的交际能力，通过自己的专业展现情商和交往能力，最终获得客户的认可和信赖，才能“活”下来。

赢得案源，是成功律师一项基本技能。在现实生活中，律师虽是一个以专业立身受人尊重的职业，但说实话，律师也是需要处处求人办事的职业，既需要求得客户把案件委托给自己办理，又需要求得法院认可自己的观点或主张，否则就难以为继，而客户委托和法院裁判的决定权却都不在自己手里，给不给、认可不认可，都是别人说了算。

作为一名律师，如何推销自己，并最终达到被客户认可的目的呢？

推销之需

戴尔·卡耐基是一个著名的人际关系学大师，也是美国现代成人教育之父、西方现代人际关系教育的奠基人，他利用大量普通人不断努力取得成功的故事，通过演讲和书籍唤起无数陷入迷惘者的斗志，激励我们取得辉煌的成功。

大家耳熟能详的可能是他的《语言的突破》《人性的弱点》《如何停止忧虑开创人生》等。在世界各地有很多卡耐基推销训练班引导人们沟通和营销。卡耐基的作品在世界非常畅销，但国内很多营销人员并不认同他的观点，主要是感觉他的理论在国内根本没有市场，只是花架子，并不实用。

中国人传统观念是“酒香不怕巷子深”，从内心深处，很多人都认为好商品不愁卖，坐等客户上门的商品才是好商品、紧俏商品，凡是上门推销的，肯定不是好产品。所以，遇见推销员，老百姓从骨子里就先生排斥。

在这样“恶劣”的环境中，律师如何成功推销成为值得研究的课题。律师推销自己的最终目的，当然还是营销自己的法律服务，而不是律师自身。

我时常会遇到说不出我律所名字的老客户。也就是说，客户更看重律师个人的专业能力和人品，而不是律所的品牌。客户为什么要把案子交给律师？当然是基于信赖。但信赖不仅仅是建立在法律服务水平上的，还要考虑律师的人品、执业精神、职业背景、执业年限等，甚至还包括律师为人处世的方式，所以说，从这个角度上讲，在推销服务或者去承揽业务的时候，让客户了解律师个人人品尤为重要。

律师交流的对象多且交流频率高，准确适当地表达自己观点是律师的看家本领，所以好口才是有效沟通的基础。从客户的角度，认识律师首先从说话和外在形象开始，在多数情况下是律师的口才给对方留下了深刻的印象。

当然，好口才不是与生俱来的，是需要后期的艰苦训练而生成的，包括美国总统林肯的演说口才能力都是大量训练的结果。

在很多的时候，交际是以传统的自然方式进行的，即通过彼此的话语、微笑、气质、礼貌以及穿着传递信息，在此基础上相互认识、形成认同。有时候，感觉与客户交流不错的案子反而没有接下来，而感觉没有发挥好的面谈反而获得客户的信赖，这可能说明客户并不仅是看律师的专业知识，或许是个人品格打动了他。

有人说微笑广结人缘。笑容真这么重要吗？我认为，微笑，是打开对方心灵的有效钥匙，是营销的良好开局。所以，很多营销课里面反复提及微笑的重要性。因为谁都不喜欢与“板着脸”的人交往。就拿我自己来说，遇见一个陌生人，无论其面相是否像自己一样的冰冷，只要见面时对方脸上挂着微笑，我就会对他产生好感，有与他继续接触的愿望。

作为专业的法律工作者，初次与客户接触时，不可能上来就急着推销自己的专业服务，别人也不可能一下子就认识到自己的法律服务能力，只有慢慢地接触才会有深入了解，有了深入了解才能建立信赖。但是，如果一方是冷若冰霜，不苟言笑，拒人于千里之外，那别人怎么可能继续与他交流下去呢？

我曾代理的一起案件，在开庭前通知客户带上某证据原件来参加庭审，结果第二天开庭时，客户说，自己疏忽没带来。法院为此休庭让其回去取。

事后我急忙向客户道歉，是我的责任，在开庭之前，我应该把带来的资料原件先核实一遍。客户听后很不好意思，但此事反而赢得了他对我的信赖。

有一句话叫愿赌服输。在做了错事之后找一百个理由去狡辩，既无济于事，也不会让人感觉舒服，是完全没有必要的。其实做律师也应该如此，案子没能做好，无论是因为举证不全面，还是观点不深入，抑或研究不精深，都是律师的错，就应该为此自责，甚至向客户道歉。这种道歉并不会有损律师的形象，反而是让当事人更为感动，更愿意继续委托律师。

律师应该保持对工作严谨，要表现出不懈努力前行的精气神，只有这样，让人觉得自己是一个朝气蓬勃的人，客户交付案件才能放心。有些律师觉得，一好遮百丑，只要案子做赢了，其他事情不重要，提不提交答辩状、代理词没有什么区别，只要自己对案子结果有信心，一切都满不在乎。但这样的律师会让客户感觉不靠谱，很难建立委托，谁敢将自己的案件交由这样的律师去尝试呢。

2011 年 5 月，高晓松因酒驾而被刑拘六个月。正如他在忏悔书中写到，如果没有那次车祸，他还不会在乎酒后驾驶。大胆推测一下，如果没有那次车祸，说不定醉酒驾车会成为他吹捧的资本，接下来，酒驾会成为家常便饭。但试想一下，真正视安全为生命的人，谁会搭乘他驾驶的汽车呢？

为了生存急于挣钱，业务功底不深就急着上手承揽案件，但难以如愿以偿。现在想来，越是这个时候越应该静下心来，做好手头现有的客户案件。比推销更重要的是客户维护。刚做律师时，急着找案子做。总喜欢拎上包，到处去开拓业务，俗称“扫马路”（不是真正意义上到马路上去扫地，主要是指“挨家挨户”去推销自己的业务）。急于去承接案件，却没有能力把它做好，到头来反而伤着自己，让自己无法收场，伤了自信心，又给客户造成经济损失。

无论是律师还是客户“心里都有一杆秤”，客户终会知道律师做了什么、能做什么。到时候，当自己拿着败诉的判决书送给客户，客户一个鄙视的眼神都会折煞人。即便收得高额的律师费，五味杂陈的滋味也不会好受。这会抹杀自己继续做律师的信心，那个鄙视的眼神也会淹没他对自己的所有信赖。

我不是生活在推销盛行的美国，无论是产品还是服务的上门推销，在中国往往遭到排斥。但是，没有推销，我只能站在市场的外围，远远地看着别的律师在忙碌。

律师推销就是在客户心里种下信赖的种子静等花开。为此，自然要了解客户的心理状况。站在客户的角度，他们对选择律所或律师有何顾虑或不适呢？某外资客户的体验描述，代表了很多客户的想法。既需要外部律师的专业服务，又担忧选聘的律师难以胜任。所以他们对选聘的律师没有十足的把握，且总担心被欺骗，所以心里非常矛盾。

我认为，客户作为法律服务的消费者，如同我们去医院看病一样，需要服务，但在接受服务时，由于不了解服务的质量是否可靠（律师或医生的水平是否称职），心里总会惴惴不安。

推销之法

在倡导勇敢地去推销的同时，珍惜现有客户的维护。老客户已经与律师建立了基本的信赖，在此基础上发掘新业务，比一家家敲开陌生人的门推销要容易得多，因为老客户的门已经打开，只需要律师推开大一点即可。

精准推销才是有效的方法，适当评估潜在的客户，不合适的客户要敬而远之。我会先通过网络了解潜在客户的基本情况。对有些客户，无论从自己的专业和其他方面权衡，并不适合自己，就应该巧妙地与其解除委托关系。有些客户经常提出一些过分的非法的想法要求律师去做，拿着律师当“枪”使。对自己来说，如果完全按照客户的要求做，不但违背律师职业操守，而且自己也不受敬重，我们应该断然拒绝与这样的客户交往，否则就会很痛苦、很危险。

当然，我在承揽案件的过程中，也经常出现“谈而不接”的情况。客户委托律师或者不委托律师的理由若干，所以，我不会纠结“一城一池”的得失。所谓萝卜白菜各有所爱，每一单的委托都是诸多因素和机缘的巧合。每一个案件都值得总结，但没必要因成败而纠结。

一旦出现客户拒绝委托，我绝不会斤斤计较失掉自己的风度。不要觉得自己为客户投入很多时间，出具了法律服务方案，到最后也不聘用自己，就一定要讨个说法，我会泰然处之，有时候失去一个案件，反而得到一个客户。

去拜访客户前，我会提前了解客户公司包括法定代表人、总经理的基本情况，这样跟客户交谈的时候会让对方感到自己的诚意，容易找到共同话题。我还会问清楚引荐人与客户之间的交情情况以及客户的基本情况，比如，张总给自己介绍认识李总，去拜访李总以前，首先要跟张总了解一下李总是个什么性格的人、什么样的教育背景、有什么兴趣爱好等，这样见到李总就能找到相关话题，开始一场融洽的交谈。如果张总跟李总关系特别好，张总又愿意引荐，张总就是自己最好的信用背书人，获得李总的认可也就简单多了。

很多客户只是为了应付某个朋友引荐的面子而接待我，往往收不到建立合作的拜访效果。由此，我及时调整拜访方式，在了解到客户

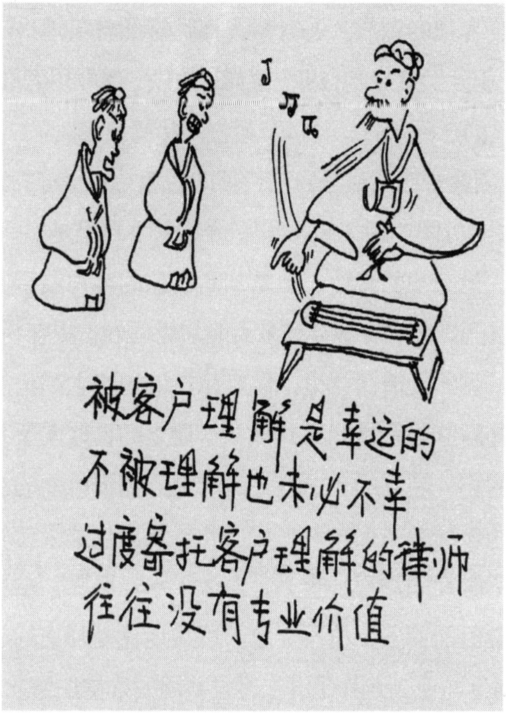

被客户理解是幸运的
不被理解也未必不幸
过度寄托客户理解的律师
往往没有专业价值

有具体业务时，再联系去交流拜访，解决客户现实需求，往往更容易取得效果。

另外，推销也需要一点心理学知识，越急着让客户认可自己，反而越难以走进客户的内心。有时候，律师不能直接地讲述自己能干什么，要避开“王婆卖瓜自卖自夸”之嫌。所以，最好用旁敲侧击的方式，慢慢灌输自己的业务所长，让客户慢慢地接受自己。

比如，在向客户介绍最近自己代理的一起特别疑难的案件完胜时，在讲述过程中，可以“塞一点私活”，介绍一下自己是如何出奇制胜的。虽然讲述了其他客户的案件，但是却向面前的客户展示了自己的业务能力，这比自己直接“吹嘘”有多大能耐更巧妙，更容易让人接受。

在我们目前的人情社会里，信赖和友谊的建立都是需要特定的环境和时间，如同学关系是同窗共读多年建立的，战友关系是在军营甚至战壕里紧密相处建立的。这些关系的建立需要时间的沉淀，不像亲属关系是因为血缘关系而自然形成。儿子从出生那天起就是父母的心肝宝贝，不需时间的加深，也必是血浓于水。所以，初次见面我一般不过多推介自己的业务，也不会急不可待地让受拜访的人把业务交给自己，而是通过与他人尤其是潜在客户共同爱好交朋结友、交流感情，如一起打高尔夫、登山、组织户外运动、驾车出游、品红酒、喝老茶等，深化友谊，慢慢地“兜售”自己的法律业务。

我也尝试另一种“权威”营销模式：通过成为律协“领导”，担任不同层级的人大代表、政协委员，成为相关协会负责人，做知名大学教授、研究导师，以及获得其他种种“衔头”的方式，将自己打造成所谓“权威”，以展示“职业能量”。

总之，案源开拓不容易，但别无选择，我们不能回避这个难题，只能努力前行。业务拓展，从推销优秀的自己开始。

模式之别

这些年，我边拓展业务边做案子，总结了业务推销的两种方式。

一种是“人对人”方式，就是多结交朋友，由朋友直接委托或推荐客户委托自己办理案件。这种方式是绝大多数律师的传统开拓业务模式，优势是信赖传递，信用背书，人对人，人传人，获得案件的概率大。不足之处在于结交朋友不能一蹴而就，往往需要时间交往的浸染；接收的案件五花八门，不一定与律师专业对口，但又碍于情面不得不接。

另一种是“人对事”方式，就是以某类案件（事）为目标，寻求代理机会。这种方式通俗来讲就是以专业为突破的展业模式，典型如企业上市业务、反补贴制裁等。优势是目标明确，自主选择，不需要花时间与人培养感情，专业制胜，效率高。不足之处在于需要强有力的专业能力支撑，否则难以取得客户信赖。

上述两种方式，并行不悖，相辅相成。第二种方式因效率高、专业性强、不用太多人际关系维系而受到更多律师推崇。

心得

在人情社会里，信赖和友谊的建立需要时间和场景。想推开客户的大门，首先从打开羞涩的内心开始。勇敢地推介自己，并通过谈吐、行动证明自己能力，用真情赢得信赖，案源也会随之而来。

人生如戏

“坚持”两个字里蕴藏着一种力量，总会让人获得意想不到的成功。

2015 年冬天回农村老家，吃过午饭，懒懒的想上床瞌睡，突然听到大街上叮叮咣咣的锣鼓声。

不用说，村里来了唱戏的。这么冷的天，还下着小雪，老年人在家里看电视，年轻人在屋里刷微信，谁还会出去看戏。

很多年没有看到唱戏的，我也是出于好奇，推门走上大街。

“高密茂腔戏巡回演出”黄字红底的条幅横挂在简陋的戏台之上。演员五人，两女三男，应该都是吹拉弹唱全面手，唱一出戏，每人多个角色。

等了十几分钟，戏开场了，但来听戏的不过十个人，抄着手瑟瑟发抖地围拢在戏台周围，有三个孩子也在台下凑热闹。

演出的剧目是《赵美蓉观灯》，赵美蓉边唱边出场：“赵美蓉进灯棚，丁字步站街中。杨柳腰把身挺，素白小扇遮着面容……”

台下除了胡琴声，就是孩子的吵闹声。但演员依然有板有眼地表演着，丝毫不为台下骚扰而受影响。

这些年，剧团下乡只是为结婚生子的喜事演一出，挣点费用。平日里，即便没人聘用还需要免费义演，一来自我推销，混个脸熟，等有人需要时跟他们联系；二来避免唱念做打生疏，荒废演戏功底。

听老人们说，唱戏的一旦开了腔就不能停下来了。一方唱戏，八方来听，四方为神，三方为鬼，一方为人，人没了，还有鬼神在听。

由此触景生情，律师的生活又何尝不是一场表演：在讲台上的滔滔不绝、在法庭上的慷慨激昂、在谈判桌前的据理力争，每一刻都在努力表演着戏里的角色和生活里的自己。

在喧嚣骚动的人海当中，芸芸众生都为了各种相互冲突的利益困惑着，迷失在这世界的混乱里，向往着美好，外表笃定，内心踌躇，那么善良，又那么心硬，那么诚实，又那么狡黠，这就是我们的社会人。律师也是这些人中的一部分。

做一名成功律师似乎有普世的标准，如办过大案要案，赚了盆满钵满，赢得显赫江湖地位等，但成功人生没有固化的标准。这一生怎么过，好多人都有自己的意向和臆想。更多人其实知道的不是自己要怎么过，而只是努力参照社会世俗标准去过——车子、票子、名气或者知己。梦想和冲动是年轻人最容易让自己亢奋、让自己努力、让自

只要路对不怕路远
但很多时候我们在正确
路上停下来而没有到达终点

己觉得充实的东西，然而，或许这不是最好的生活方式，或者说，不是唯一的生活方式。

我认识很多律师，有业内精英如已故的蒋勇律师，也有众多普普通通的律师，大家的生活方式几近相似，研究案子、开拓人脉，日夜操劳，忙里偷闲享受一下生活，我知道这样的工作方式会让很多曾经热血沸腾投身律师行业人（包括我自己）感到意外。但这就是工作与生活的真实交织，虽然让人无法接受，但是在梦想和狂热的彼岸，就是这样现实的人生。

2020年突如其来的疫情，整个地球像进入了休眠。每个人都停止了忙碌的脚步，待在家中躲着危险的瘟疫。刚开始时，人们还觉得不过是几个月的事，正如当年SARS疫情，不久人们就会恢复往日的繁忙。但超乎想象，新冠疫情并未如期而去。近三年的封闭，让人们调整了新的生活节奏并慢慢地习惯起来。

疫情期间，为了避免感染，我开始尝试着骑自行车或者走着上班，漫不经心地浏览大街两旁的门店和来来往往的行人。这是以前没有过的，平日里开车盯着路况，坐车盯着手机，车穿行在楼宇之间，人始终在路上追赶时间、客户、案源。突然间像被甩回了以前茫无目的的工厂生活。

原本忙乱的世界都在强调同一主题——抗疫，每个人脸上都戴着口罩，公共场所都悬挂着防疫标语，大大小小的门口放着测温枪、贴着健康码。

当我们重新走出家门，看着绿绿的草地和刚刚吐绿的柳树，都有一种久违的感觉，且这种感觉有些陌生，甚至有些不适应。做律师的这些年，我都在讨生活的路上，无暇顾及身边的绿树红花，从未这样尽情地欣赏过大自然。我们的时空像被疫情偷偷拨动了时钟，让自己穿越历史，像是突然在熟悉的路上遇见一位老朋友，喜出望外。摘掉口罩，近距离地闻青草的清香味道，我有种说不出的幸福感。

原本这些红花绿柳对于一个在农村长大的人来说，本不陌生。但从上学开始，这些风景留给自己的多是辛劳的记忆，而是不是赏心悦目的美景。风景美不美取决于是否有一双发现美的眼睛，在一心忙于生计的日子里，我的眼睛里装不下这份闲情逸致，工作之外的景物都被心不在焉地忽视了。

从小到大，我受的教育就是“端着”和“攒着”。端着，就要积极追求人生，一心一意关注学习和工作。攒着，就要多积累少消耗，少吃少花少浪费。正是有着这样的人生态度，为了实现“攒着”的目标，一直在“端着”，除了工作心无旁骛，舍弃了生活的本味，错过人生享受当下的时光。因为工作原因，很多城市留下了自己的足迹，但更多的驻足是机场、车站、法院和酒店，工作之外也鲜有在名胜古迹处拍照留念，因为在自己的心里想的依然是工作，而不是游玩。

有一个词是律师的口头禅或生活目标——财务自由。财务自由是包裹内心不安的防护罩，似乎只有财务自由，做律师才能获得稍稍的安全感。只有财务自由，才能不为客户、案源、收费劳神，不为五斗米而折腰，才能泰然自若地去打高尔夫或海外旅游，才能不计时间长短地看小说。

要不是这次疫情使然，我或许不会发现，自己的生命里只有“攒着”的工作，做律师，就是研究法律、拓展客户、承揽案源。但因疫情而中断了几个月工作，其间我开始读书、学画、写作，读以前没有时间或没有心情读的“闲书”。在办公室阅读毛姆的小说，刚开始还是那

少年的梦想挣钱游世界
如今当律师基本实现
为挣钱满世界跑

么不适应，内心深处还多少有种负罪感。开始学习羡慕已久的绘画，写积攒在内心许久的故事，让自己内心获得欢喜。这些以前在自己心里属于“不务正业”的事，与自己“一日不作一日不食”的人生观不符。

但近一年的时间，我边工作，边做着这些“不务正业”的事，并未出现我担心的事业塌陷。出版了几本书，有朋友称赞我有天赋，我点头微笑。天赋是老天爷给的礼物吗？当然不是，是自己给自己的礼物，是自己在几十年里“攒着”“端着”榨干自己留下的积蓄。这背后走了多少弯路，遭了多少罪，不可与外人说道。由此，我开始思考，“端着”“攒着”最终的意义。端着是为了获得财富、地位，攒着是为了能够生活无忧。但人生在什么时候可以不用再端着和攒着？如果人生一直不能释然，生活的意义又在哪里？

《国富论》中有一句话：我们在这个世界上辛苦劳作、来回奔波是为了什么？归根结底，是为了得到他人的爱和认同。律师整日的忙碌不也是为了他人（不限于客户）的爱和认同吗？但除了别人，我们是否可以关照一下自己。

初做律师，技不如人，毛手毛脚，心无所寄，整日要求学有所进。但律师最终要懂得放下，从容不迫，泰然自若。我们来到世上，追求的是内心的快乐，而不是放不开的克制。这几年的拼搏和煎熬，积攒了银两和人脉，工作和生活能达成妥协，重获闲情逸致，让我似乎触摸到生活的真谛，做一些心生欢喜的事，对幸福有了更深的感悟。

年轻时读过席慕蓉的诗《为什么》：我可以锁住笔／为什么却锁不住爱和忧伤／在长长的一生里／为什么欢乐总是乍现就凋落／走得最急的都是最美的时光。律师的生活，又有多少最美的时光是走在路上，渴望尽快接受客户委托，像哪吒踩着风火轮似的赶着开庭、接见，在匆匆忙忙中失去生活快乐。我们的很多幸福或梦想还没有实现。

这几年对两个字感触特别深——坚持。这两个字里蕴藏着一种力量。我的性格里似乎与这两个字相映合。从前我的梦想不清晰，笼统朴素，但我一直坚持做好自己，坚信念念不忘必有回响。我像战场上的战士，虽然不知道敌人的准确位置，但是一直坚定地对着敌人阵地勇敢进攻。几十年坚持前行，不问收获。

有一幅漫画，画的是大象和驴子站在悬崖边，彼此较劲，大象庞大寓指诺基亚手机，驴子执拗寓指苹果手机。苹果手机是在跟诺基亚的竞争中脱颖而出的吗？乔布斯说，我就是想要一部自己喜欢的手机，把自己喜欢的手机制造出来，就很开心。所以，苹果手机胜出了。

有一位年轻和尚到一座山上看到山上的老庙很破旧，想重建这座庙，遭到很多人的嘲笑。人们问和尚，你知道建一座庙要花费多少钱吗？和尚说，不知道，自己没有钱。我只想重建这座庙。于是，他开始运材料建庙，久而久之，很多人为他所动，也纷纷加入建庙的工作中，最后，一座庙就建起来了。

我做律师这些年，不是没有想过挣大钱，但多是想想而已，我不知道挣大钱对我来说是不是只是一个梦，更不知道哪年哪月会成为现实。我只是坚持做好每个案子，维护好每位客户，多写写文章。多年以后，不经意间，我好像触摸到了那份惊喜。如果当初患得患失，以钱喜，以失悲，估计也不会吃下那么多的苦，取得现在的成绩。

梭罗曾在《瓦尔登湖》中写道：一个人自信地向着梦想行进，努力经营所向往的生活，是可以获得意想不到的成功的。他将要越过一条看不见的界线，他将要把一些事物抛在后面；新的、更广大的、更自由的规律开始围绕着他，并且在他的内心里建立起来；或者旧有的规律将要扩大，并在更自由的意义里得到有利于他的新解释，他将要拿到许可证，生活在事物的更高级秩序中。他自己的生活越简单，宇宙的规律也就越显得简单，寂寞将不称其为寂寞，贫困将不称其为贫困，软弱将不称其为软弱。如果你造了空中楼阁，你的劳苦并不是白费的，楼阁应该建在空中，现在就为这些奠定基础吧。

2020 年夏季，我到青岛度假，一切都是那么的熟悉。海滩、礁石像多年前的样子。当我坐在岸边看着日落时，暗红的夕阳与海平线交织在一起，想着曾经的一切努力和过往，我有一种莫名的感动。此情此景，是十几年前自己在那家企业廊桥上眺望大海想要的样子吗？

我不能回答自己，但似乎明白了有位登山者曾经说过的那句名言：为什么对登山如此执着、如此痴情？因为山在那里。出走半生，归来仍是少年，或许只是人生美好的向往，然而此心安处是吾乡，我就是要执着追求内心所向，不安于现状安逸。

现在，我忽然又生出一个念头：律师是不是又成为我人生梦想的新围墙？要不要再去围墙外面闯荡一下，我开始思考。

我欣赏《瓦尔登湖》梭罗的人生总结，也以此为座右铭：我离开森林的理由，和我搬进森林的理由一样。我觉得也许还有好几个生命可过，我不必把更多时间来交给这一种生命了。令人惊讶的是，我们很容易不知不觉地习惯于一种生活，踏出一条自己的特定轨迹。在那儿住不到一星期，我的脚就踏出了一条小径，从门口一直通到湖滨；距今不觉五六年了，这小径依然还在。是的，我想是别人也走了这条小径了，所以它还在通行。大地的表面是柔软的，人走过之后会留下足迹；同样的是，心灵的行程也留下了足迹。想人世的公路如何给践踏得尘埃蔽天,传统和习俗形成了何等深的车辙！我不愿坐在房舱里，宁肯站在世界的桅杆前与甲板上，因为从那里我更能看清群峰中的皓月。我再也不愿意下到舱底去了。